Hans Herbert Klinger

Lautsprechergehäuse-Baubuch

Bauzeichnungen für mehr als 60 verschiedene Lautsprecherboxen

Mit 90 Abbildungen

FRANZIS-VERLAG MÜNCHEN

Nr. 311 der RPB electronic-baubücher heute und morgen

CIP-Kurztitelaufnahme der Deutschen Bibliothek

Klinger, Hans Herbert
Lautsprechergehäuse-Baubuch: Bauzeichn. für mehr als 60 verschiedene Lautsprecherboxen. – 1. Aufl. – München: Franzis-Verlag, 1978.
(|RPB-Elektronik-Baubücher heute und morgen| RPB-electronic-baubücher heute und morgen; Nr. 311)
ISBN 3-7723-3111-4

1978

Franzis-Verlag GmbH

Druck: Franzis-Druck GmbH, Karlstraße 35, 8000 München 2.
Printed in Germany. Imprimé en Allemagne.

ISBN 3-7723-3111-4

Vorwort

Der Selbstbau von Lautsprecherboxen ist in den letzten Jahren ein beliebtes Hobby für Musikfreunde geworden. In den meisten Fällen handelt es sich darum Lautsprecherboxen zur Erzielung möglichst hoher Klangtreue zu bauen. Dabei spielen die Basswiedergabe und die zur Bassabstrahlung erforderlichen Gehäuse eine besonders wichtige Rolle. Im vorliegenden RPB-Band werden eine größere Anzahl erprobter Tieftonboxen beschrieben. Optimale Ergebnisse sind jedoch nur zu erwarten, wenn die für die jeweiligen Boxen vorgeschriebenen oder empfohlenen Lautsprecher eingebaut werden, die speziell für das eine oder andere Gehäuse ausgelegt sind. Ich warne vor Einbau ungeeigneter Lautsprecher. Das Ergebnis aller solcher Bemühungen ist in der Regel mißlich. Letzten Endes wird der Bau einer Lautsprecherbox dann viel teurer, als wenn man von vornherein gleich den richtigen Lautsprecher benutzt hätte. Für Beat- und Popmusik werden ebenfalls einige Bauanleitungen angegeben. Ich hoffe dadurch viele Leserfragen zu beantworten.

Der vorliegende RPB-Band ist eine Ergänzung zum RPB 105 "Lautsprecher und Lautsprechergehäuse für HiFi", worin aus Platzmangel nur eine begrenzte Anzahl Lautsprechergehäuse beschrieben werden können.

H.H. Klinger
Bucheneck 12
2830 Bassum 2

Wichtiger Hinweis

Die in diesem Buch wiedergegebenen Schaltungen und Verfahren werden ohne Rücksicht auf die Patentlage mitgeteilt. Sie sind ausschließlich für Amateur- und Lehrzwecke bestimmt und dürfen nicht gewerblich genutzt werden*).
Alle Schaltungen und technischen Angaben in diesem Buch wurden vom Autor mit größter Sorgfalt erarbeitet bzw. zusammengestellt und unter Einschaltung wirksamer Kontrollmaßnahmen reproduziert. Trotzdem sind Fehler nicht ganz auszuschließen. Der Verlag sieht sich deshalb gezwungen, darauf hinzuweisen, daß er weder eine Garantie noch die juristische Verantwortung oder irgendeine Haftung für Folgen, die auf fehlerhafte Angaben zurückgehen, übernehmen kann. Für die Mitteilung eventueller Fehler sind Autor und Verlag jederzeit dankbar.

*) Bei gewerblicher Nutzung ist vorher die Genehmigung des möglichen Lizenzinhabers einzuholen.

Allgemeine Regeln über den Aufbau von Lautsprecherboxen

Lautsprecherboxen dürfen den Schall nur aus den dafür vorgesehenen Öffnungen abstrahlen. Das ist bei einem geschlossenen Gehäuse die Lautsprechermembran, bei einer Bassreflexbox außerdem die Bassreflexöffnung und bei einer Exponentialbox (Hornstrahler) und Transmission-line Box vor allen Dingen die Austrittsöffnung (Mundöffnung) des Trichters bzw. der akustischen Übertragungsleitung.

Schalldämmung

Bei einer Lautsprecherbox kommen dadurch Klangverfälschungen zustande, daß der Schall nicht allein aus den genannten und dafür bestimmten Öffnungen austritt, sondern daß er außerdem durch die Gehäusewände hindurch tritt. Durch den hohen Wechselschalldruck des eingebauten Lautsprechers können außerdem die Gehäusewände zu Biegeschwingungen angeregt werden. In diesem Fall strahlen die Wände selbst Schall, wirken also wie Strahlungsquellen. Damit einher gehen in der Regel selektive Überhöhungen und Einbrüche im abzustrahlenden Frequenzbereich der Lautsprecherbox, was nicht nur zu Klangverfärbungen,sondern auch zu nichtlinearen Verzerrungen Anlaß ist. Hand in Hand geht außerdem eine Verringerung des effektiven Wirkungsgrades der Lautsprecherbox.

Zur Erzielung einer hochwertigen Lautsprecherwiedergabe ist es daher eine wesentliche Voraussetzung, daß die Wände einen Schalldurchtritt weitgehend unterbinden und außerdem nicht zu Biegeschwingungen angeregt werden können. Es gibt verschiedene Möglichkeiten hierzu. Am günstigsten ist es, wenn die ganze Box aus Ziegelsteinen oder Beton aufgebaut werden würde. Leider ist das in den meisten Fällen nicht möglich, so daß man die Box aus

Holzplatten aufbauen muß. Inbetracht kommen in erster Linie für diesen Zweck Birkenholz und Hartspanplatten in Stärken von 0,9 cm bis 1,8 cm. Die Platten sollen auf der Innenseite ganzflächig mit bituminierten Weichfaserplatten zusätzlich verleimt und vernagelt werden. Bituminierte Weichfaserplatten werden vom Odenwalder Holzfaserwerk[1]) hergestellt. Sie haben gegenüber üblichen Weichfaserplatten den Vorteil, daß höhere Frequenzen absorbiert werden.

Besonders wirksam gegen Schalldurchlässigkeit der Gehäusewände und gegen das Zustandekommen von Biegeschwingungen sind die von der britischen Firma Croda Metal Treatments Ltd[2]) hergestellten Bitumplatten von 6 mm Dicke der Typenbezeichnung Crodacoustic CD3/PUU/6, die speziell für Lautsprecherboxen entwickelt wurden. Zum Aufkleben der Dämmplatten auf die Holzwände des Gehäuses liefert diese Firma den Binder H 7212. Leider gibt es in der BRD keine äquivalenten Dämmplatten und der Interessent muß sie aus England einführen. Mit Einschränkung können jedoch die von der Firma Teroson[3]) gefertigten Schalldämmplatten der Type Teroform 2812 benutzt werden. Allerdings ist deren Dämmwirkung viel geringer.

Eine weitere sehr wirksame Möglichkeit, eine Lautsprecherbox zu dämmen, d.h. undurchlässig für Schall zu machen und fest gegen Biegeschwingungen der Wände, ist ein doppelwandiger Aufbau nach dem Sandwichprinzip. Zwischen zwei Spanplatten bringt man einen 3 bis 4 cm breiten Hohlraum an, der vollständig mit feinem trockenen Sand gefüllt wird. Der Sand muß vollkommen trocken sein, da andernfalls beim Schließen des Hohlraumes durch die

[1]) Odenwalder Holzfaserwerk, 8762 Amorbach i.Odenwald

[2]) Croda Metal Treatments Ltd. Cowick Hale Snaith Goole, North Humberside DN 14 9AA, England

[3]) Teroson-GmbH, Postf. 105 620, 6900 Heidelberg 1

Feuchtigkeit die Wände aufquellen und platzen. Das Sandwichprinzip ist äußerst wirksam gegen Schalldurchlässigkeit und Biegeschwingungen. Nachteilig ist, daß selbst kleinere Boxen von etwa 40 bis 60 Litern Volumen so viel Gewicht haben, daß man sie kaum bewegen kann. Die akustische Qualität derart aufgebauter Lautsprecherboxen ist dafür aber entscheidend besser als die anderer Gehäuse.

Die Bedeutung schallundurchlässiger Gehäuse für verfärbungsfreie Schallabstrahlung von Lautsprechern ist erst in den letzten Jahren erkannt worden. Leider wird dieser Forderung im allgemeinen viel zu wenig Bedeutung beigemessen. Das unbefriedigende Klangverhalten vieler Boxen beruht zum erheblichen Teil auf diesem Sachverhalt.

Schallabsorption

Eine genügende Festigkeit und Schallundurchlässigkeit des Gehäuses ist allein aber noch nicht ausreichend, um eine hohe Wiedergabequalität zu gewährleisten. Es muß der Schall nämlich nicht nur gedämmt werden, also im Gehäuse gewissermaßen eingesperrt werden, sondern er muß innerhalb des Gehäusehohlraumes auch hinreichend gedämpft, also absorbiert werden. Schalldämmung und Schalldämpfung sind zwei ganz verschiedene Dinge. Zur Schalldämpfung eignen sich Mineralwollplatten ISOVER HS der Grünzweig + Hartmann und Glasfaser AG[1]), mit einer Rohdichte von etwa 2,5 kg/m^3.

[1]) Grünzweig + Hartmann und Glasfaser AG, 67 Ludwigshafen, Postf. 210 565

Vielfach ist es einfacher und wirksamer, wenn der gesamte Gehäusehohlraum mit langfasriger Naturwolle lose ausgefüllt wird. Langfasrige Naturwollen erhält man von der Firma John W. Pennington Ltd[1]).

Eine andere Möglichkeit zur Schalldämpfung (Schallabsorption) ist die Verwendung speziellen Schaumstoffes. Die meisten Schaumstoffe sind nicht geeignet. Inbetracht kommen Schaumstoffe der Type NG 14/2 der britischen Firma Pritex Ltd[2]) sowie der Type DP 101 von Dunlop Ltd[3]). Der Vorteil von Schaumstoffplatten liegt darin, daß man eine im gesamten Gehäusehohlraum gleichmäßige Schallabsorption erwirken kann. Die Platten werden in Stärken von 2 bis 20 cm hergestellt. Sollen tiefe Frequenzen absorbiert werden, müssen die Schaumstoffplatten Stärken von etwa 20 cm haben, falls sie unmittelbar auf die Gehäusewandung aufgebracht werden. Einzelheiten über Schalldämpfung von Lautsprecherboxen werden im RPB-Band 105 „Lautsprecher und Lautsprechergehäuse für HiFi" besprochen.

Verschiedene Hersteller von Lautsprecherboxen haben zur Schalldämmung und Schalldämpfung eigene Methoden entwickelt. Soweit vom Hersteller in Bauunterlagen darauf hingewiesen wird, werden die entsprechenden Hinweise auch in den betreffenden Bauanleitungen dieses RPB-Bandes gemacht. Natürlich können alle Boxen grundsätzlich nach den zuvor gemachten Richtlinien aufgebaut werden.

[1]) John W.Pennington Ltd., Midland Wool Warehouses, Briggate-Windhill-Shipley, Yorkshire, England

[2]) Britex Ltd., Wellington Sommerset TA 21 8NN, England

[3]) Dunlop Ltd., Pannal, Harrogate, North Yorkshire HG3 1JL, England

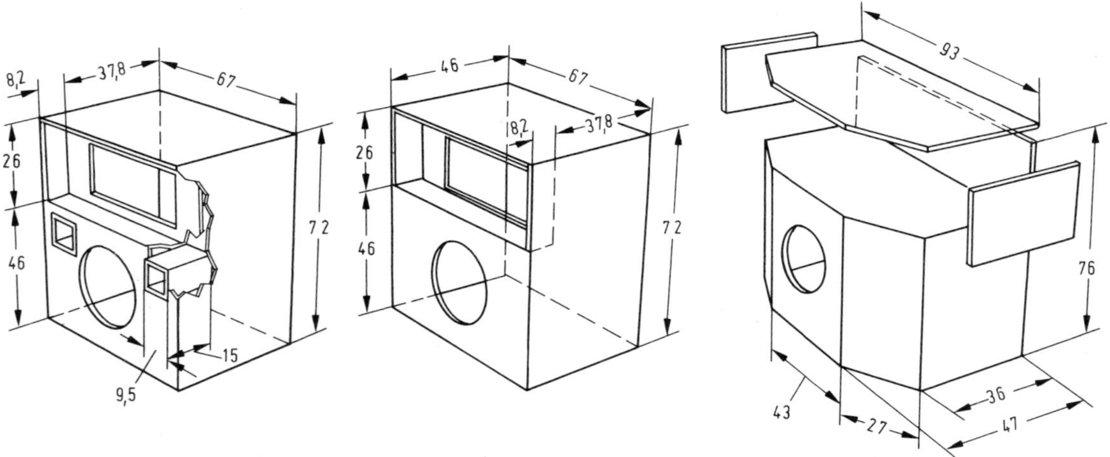

Abb. 1 ALTEC-Boxen
a) Baßreflexbox mit Baßlautsprecher 416-8 B oder Audax HD 35 S 66, Mitteltonhorn 811 B mit Treiber 808-8A, Frequenzweiche N 801-8A
b) Geschlossene Box für Baßlautsprecher 411-8A, Horn 811 B mit Treiber 808-8A, Weiche 801-8A, Entzerrer Typ 30 904
c) Geschlossene Box mit Baßlautsprecher 411-8A, Horn 511 B mit Treiber 292-8A oder 808-8A, Frequenzweiche N 501-8A

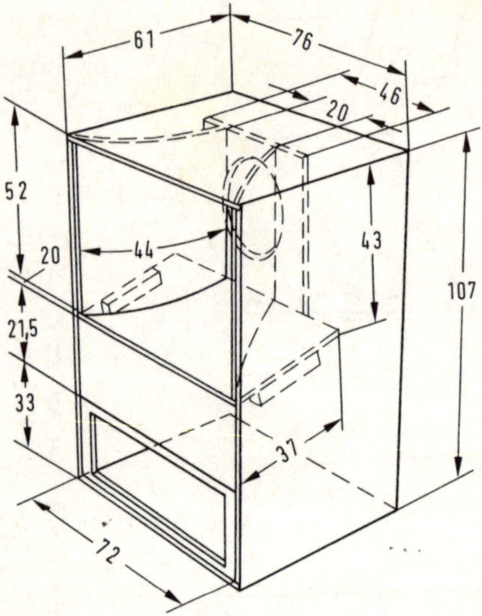

Abb. 2 Lautsprecherbox "The Voice of the Theatre" (ALTEC) für Lautsprecher 416-8 A/B oder Audax HD 35 S 66.
Für Frequenzen oberhalb 800 Hz werden Hornstrahler 811 B mit Treiber 808-8A und Weiche N 801-8A benötigt. Diese Hornstrahler-Kombination ist für sehr große Wohnräume und Säle gedacht.

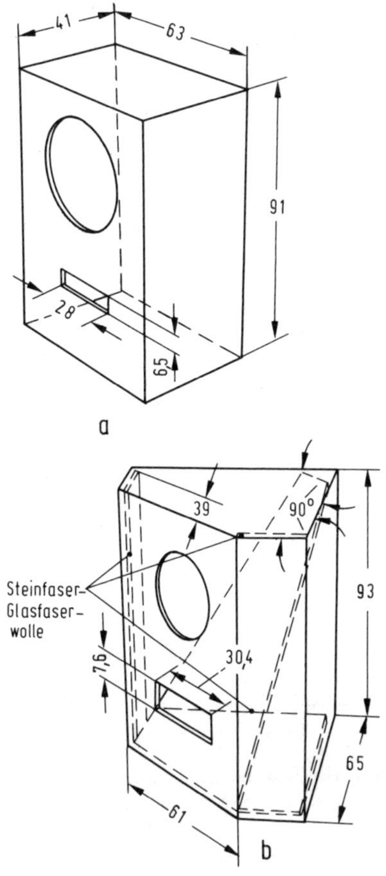

Abb. 3 Baßreflexgehäuse für Duplex-Lautsprecher 604-8G (ALTEC).

a) Rechteckbox,

b) Eckbox

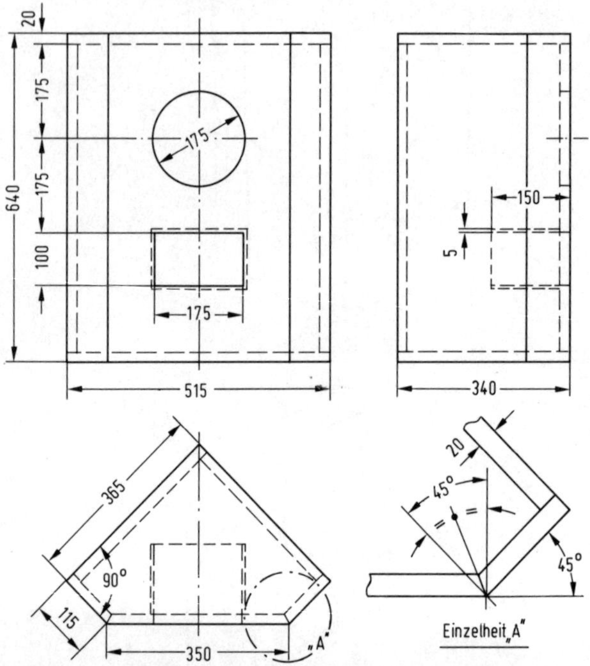

Abb. 4 Baßreflexbox für Koaxiallautsprecher TWIN-AXIOM 8 (Goodmans) An Stelle von TWINAXIOM 8 kann das Model HD 17 B 37 oder HD 17 B 25 H (Audax) benützt werden. Oberhalb 4000 Hz muß dann ein separater Hochtöner HD 12x9 D 25 (Audax) mit Weiche KIT 31 (Audax) verwendet

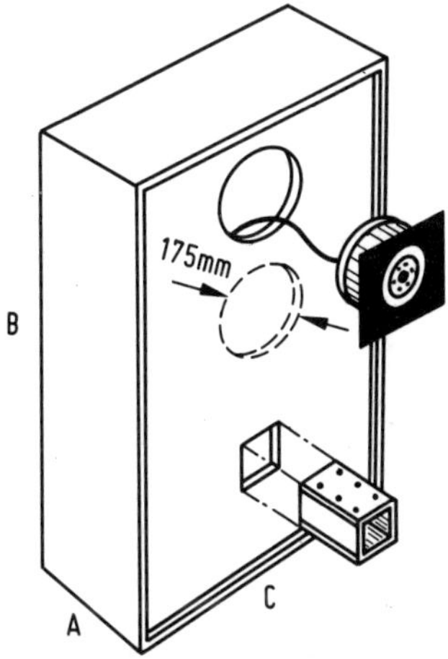

Abb. 5 Baßreflexgehäuse für Jordan-Watts Breitbandlautsprecher

Anzahl der Treiber	Grenz-fre-quenz	Abmessungen			Abmessungen des Tunnels
		A	B	C	
	Hz	mm	mm	mm	mm
1	40	165	390	250	25x25x75
1	30	165	500	250	44x44x100
2	30	158	750	350	88x88x100
4	30	220	1000	375	175x175x100

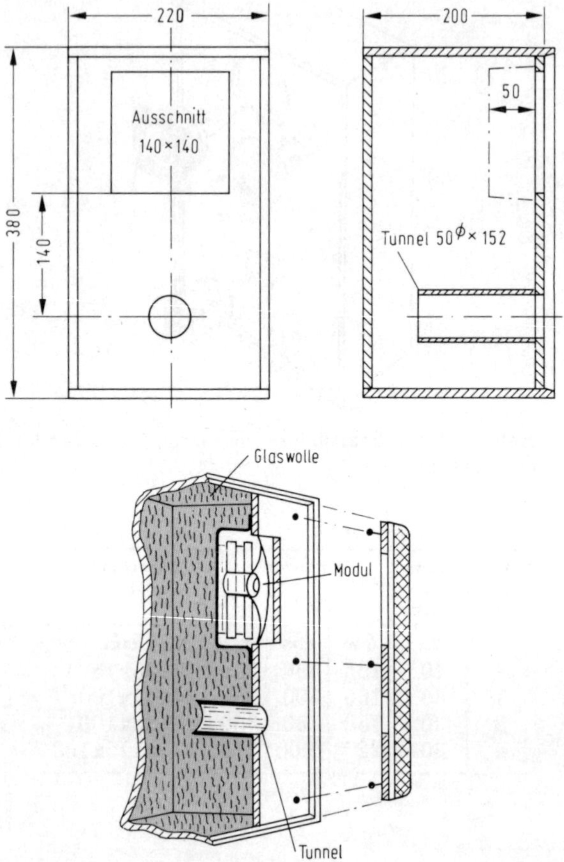

Abb. 5 Baßreflexgehäuse für Jordan-Watts Breitband-Lautsprecher

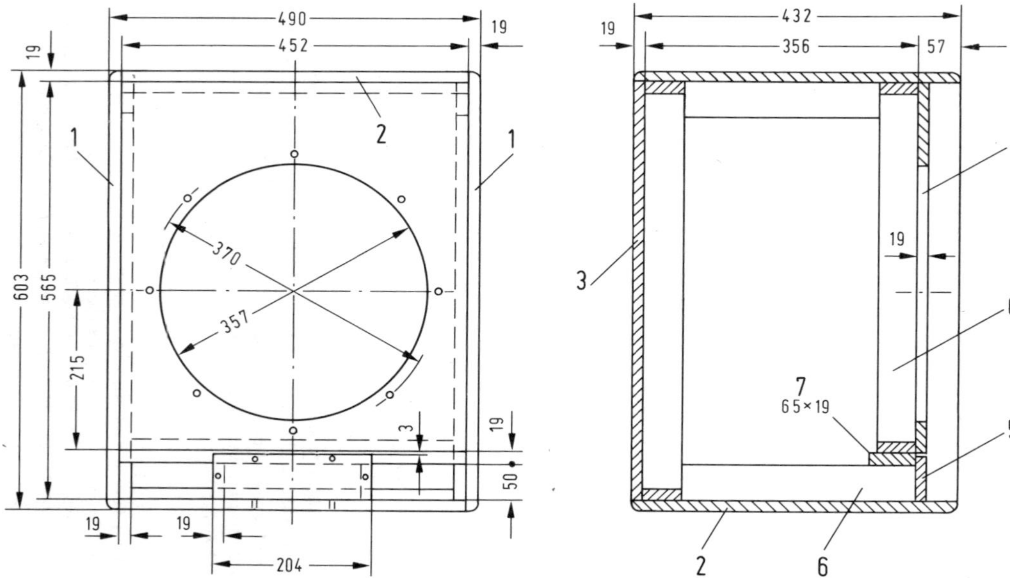

Abb. 6 Bassreflexbox TL 606 für Lautsprecher EVM 15 L (Electro Voice)

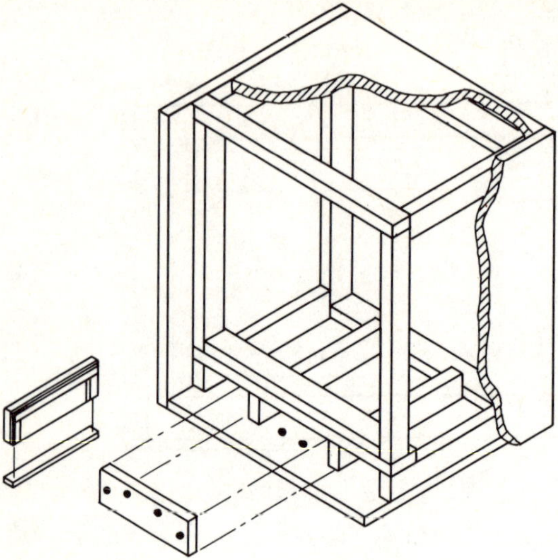

zu Abb. 6

ca. 13 mm breites Streifenband um die Bassreflexöffnung für luftdichten Abschluß wickeln, falls die Box als geschlossene Box betrieben werden soll.

1) 2 Seitenwände 43,2 cm x 60,3 cm
2) Boden und Deckel der Box je 45,1 cm x 43,2 cm
3) 1 Rückwand 45,1 cm x 56,5 cm
4) 1 Schallwand 45,1 cm x 49,5 cm
5) 1 Abdeckung für Bassreflexöffnung 6,5 cm x 20,3 cm
6) 4 Querleisten 1,9 cm x 5,1 cm. Diese müssen mit der Rückseite der Schallwand bündig abschließen, ebenso mit der Querleiste auf der Rückwand.
7) 1 Deckel für Bassreflexöffnung 1,9 cm x 6,4 cm

Der Lautsprecher EVM 15 L kann sowohl von vorn als auch von rückwärts auf der Schallwand befestigt werden. Montageeinzelheiten gehen aus Abb. 6 hervor.
Die Box gestattet die Reproduktion zweier verschiedener Schalldruck-Frequenzgänge im Tieftonbereich durch Einstellen der Bassreflexöffnung. Im Normalbetrieb (mit Bassreflexöffnung) ist der Schalldruckverlauf linear bis zu einer unteren möglichen Frequenz. Bei abgedeckter Bassreflexöffnung

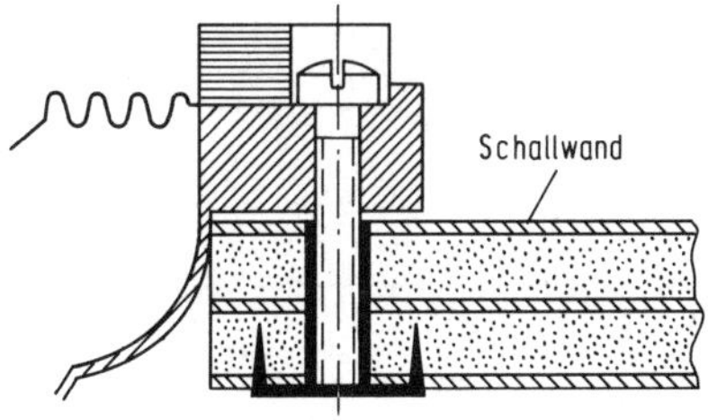

Frontmontage des Treibers

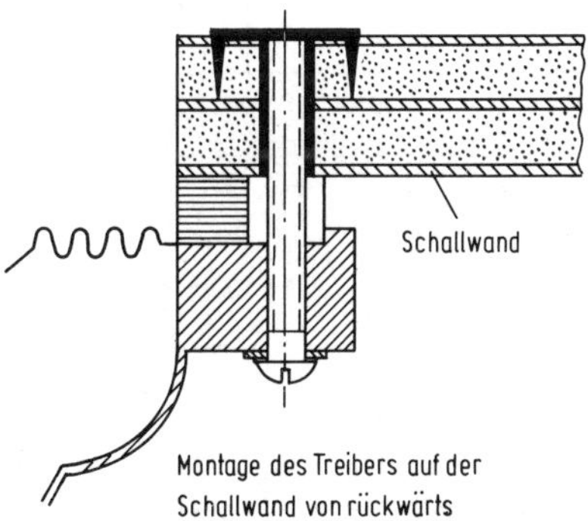

Montage des Treibers auf der Schallwand von rückwärts

zu Abb. 6

nimmt der Schalldruck im unteren Frequenzbereich schneller ab, jedoch läßt sich die Abstrahlung um eine halbe Oktave nach tieferen Frequenzen ausdehnen. Diese Betriebsart wird man anwenden, wenn der Tieftonabfall durch einen aktiven Equalizer, der die tiefen Frequenzen verstärkt, eliminiert werden kann.

Die Box hat einen Übertragungsbereich von etwa 40 bis 1300 Hz (Bassreflexbetrieb) bei einem Wirkungsgrad von 6 % und 100 Watt Sinus-Belastbarkeit. Die Box ist für Wiedergabe elektronischer Musik geeignet (Pop und Beat), kann aber auch als Tieftonbox in Kombination mit separaten Mittel-Hochton-Treibern für High Fidelity eingesetzt werden.

Alle Innenwände sind mit ca. 10 cm dicken Glasfasermatten auszulegen. Die Bassreflexöffnung ist frei zu halten.

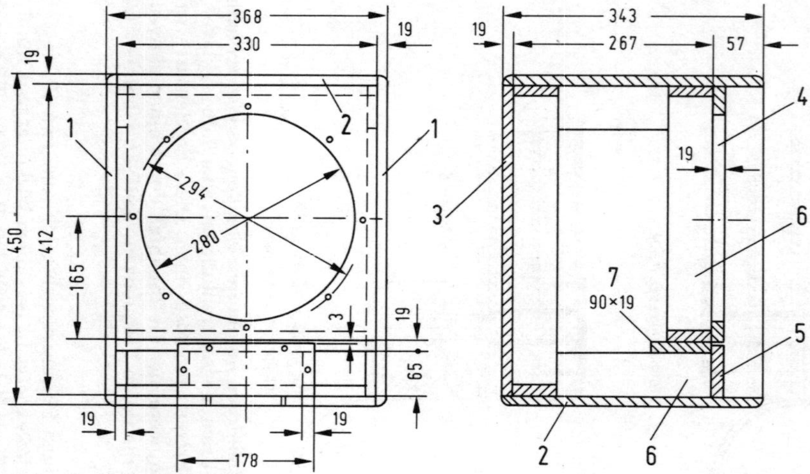

Abb. 7 Bassreflexbox TL 806 für Lautsprecher EVM 12 L
(Electro-Voice)

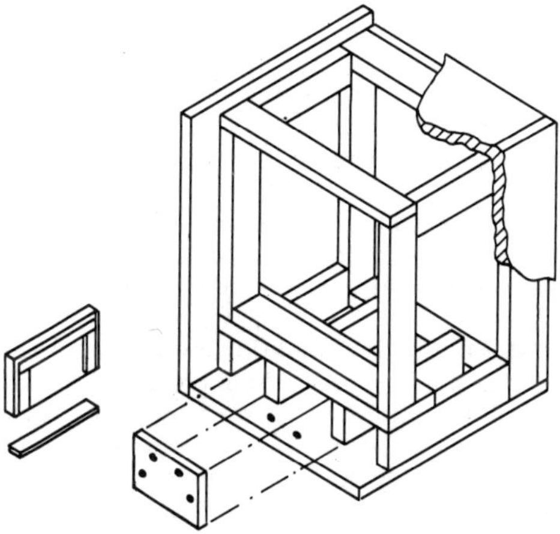

ca. 13mm breites Streifenband um die Bassreflexöffnung für luftdichten
Abschluß wickeln, falls die Box als geschlossene Box betrieben werden soll.

zu Abb. 7

1) 2 St. Seitenwände 34,3 cm x 45,1 cm
2) je 1 St. Boden u.Deckel 33 cm x 34,3 cm
3) 1 Rückwand 33 cm x 41,3 cm — 1,9 cm dicke
4) 1 Schallwand 33 cm x 33 cm — Wände
5) 1 Abdeckung für Bassreflexöffnung 7,8 cm x 17,8 cm
6) 4 Querleisten je 1,9 cm x 6,4 cm. Diese müssen bündig mit der Rückseite der Schallwand abschließen, ebenso mit der Querleiste auf der Rückwand.
7) 1 Deckel für Bassreflexöffnung 1,9 cm x 8,9 cm

Der Treiber TL 806 kann sowohl von vorn als auch von rückwärts auf der Schallwand montiert werden. Montageeinzelheiten entsprechend den in Abb. 6 gemachten Angaben.

Die TL 806 gestattet die Reproduktion zweier verschiedener Schalldruck-Frequenzgänge im Tieftonbereich durch Einstellen der Bassreflexöffnung. Im Normalbetrieb (mit Bassreflexöffnung) ist der Schalldruck linear bis zu einer unteren möglichen Frequenz. Bei abgedeckter Bassreflexöffnung nimmt der Schalldruch im unteren Übertragungsbereich der Box schneller ab, jedoch läßt sich die Abstrahlung um eine halbe Oktave nach tieferen Frequenzen ausdehnen. Diese Betriebsart wird man anwenden, wenn der Tieftonabfall durch einen aktiven Equalizer, der die tiefen Frequenzen verstärkt, eliminiert werden kann.

Die Box hat einen Übertragungsbereich von etwa 60 Hz bis 1600 Hz (Bassreflexbetrieb) bei einem Wirkungsgrad von 6 % und 100 Watt Sinus-Belastbarkeit.

Alle Innenwände der Box sind mit etwa 10 cm dicken Glasfasermatten auszulegen. Die Bassreflexöffnung ist frei zu halten.

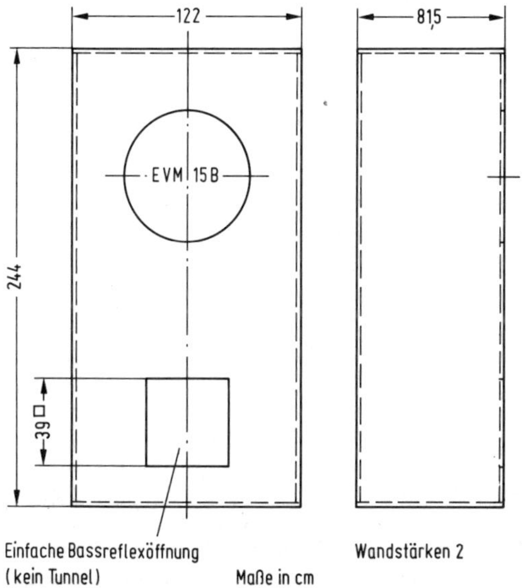

Abb. 8 Contra-Baß-Lautsprecherbox für Lautsprecher EVM 15 B von Electro Voice. Die Box eignet sich zur Abstrahlung sehr tiefer Töne (Orgel); Innenmaße: Höhe 240 cm, Breite 118 cm, Tiefe 77,5 cm; Baßreflexöffnung (kein Tunnel): 38,7 cm x 38,7 cm

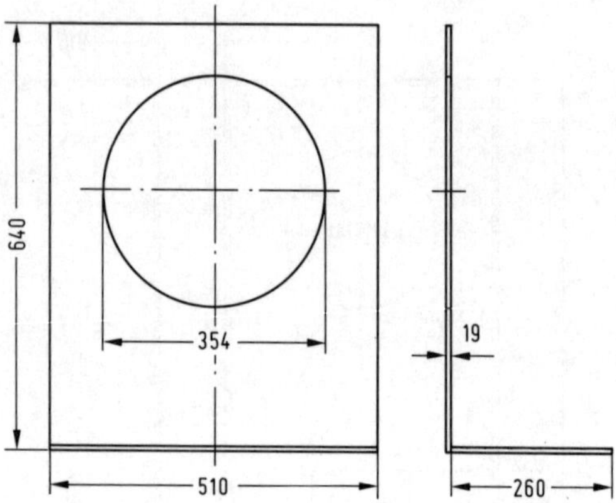

Abb. 9 Gehäuseabmessungen (Innenabmessungen) für geschlossene Musikbox (Gitarrenbox) mit Lautsprecher G 15/100 (Celestion); Volumen der Box: ca. 85 Liter (Mindestvolumen); Gegenüberliegende Wände sind durch Querleisten zu versteifen. Nach Möglichkeit sollten mit Sand gefüllte Sandwichwände zur Erzielung optimaler Stabilität benützt werden

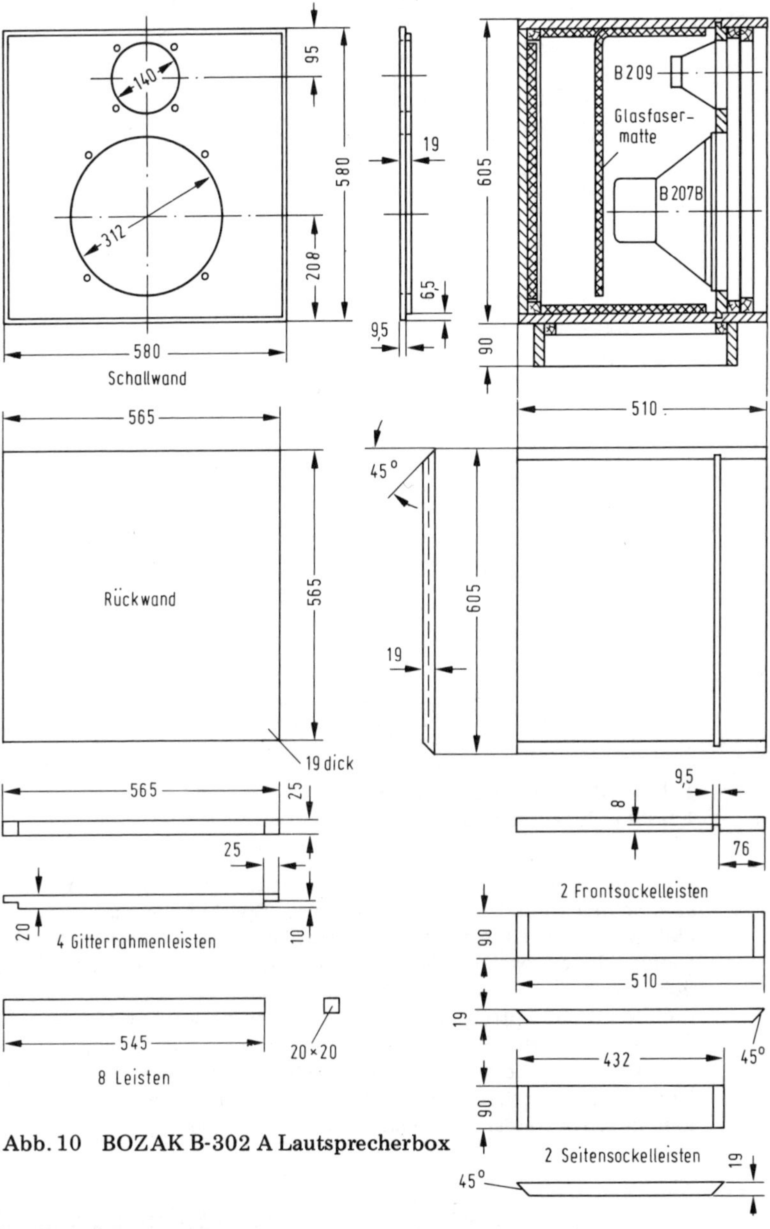

Abb. 10 BOZAK B-302 A Lautsprecherbox

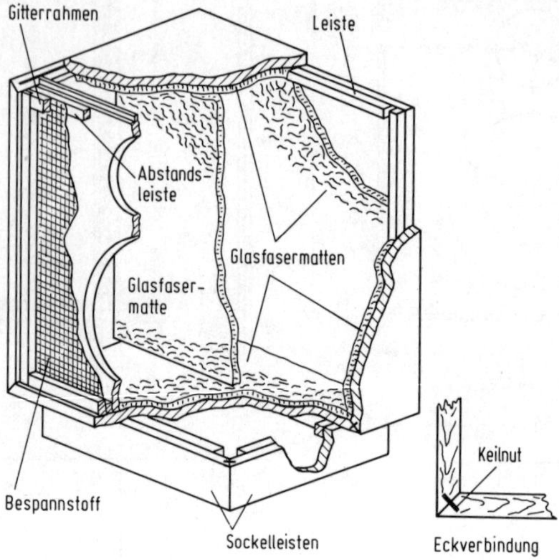

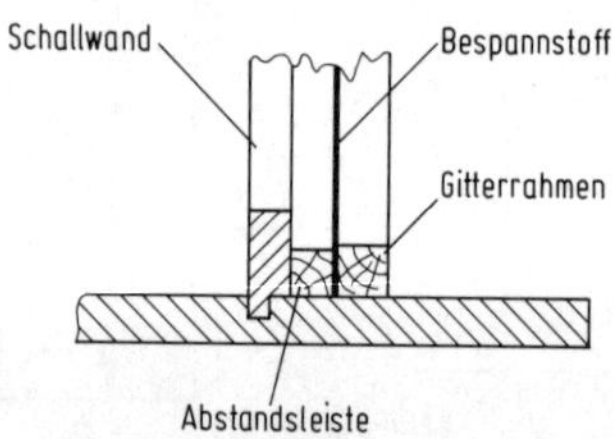

zu Abb. 10

1 B-207 Bc Breitbandlautsprecher
1 B-209 Mitteltontreiber
1 Weiche N-10102 A, Übergangsfrequenzen 800 Hz und 2,5 kHz

Die Kombination läßt sich stufenweise aufbauen. In einem ersten Schritt kann die Box allein mit dem Breitbandlautsprecher B-207 B betrieben werden. Dieser besteht aus einem Tieftontreiber und zwei vor dem Tieftonkonus angeordnete seitlich strahlende Hochtontreiber. Später kann man die Weiche und den B-209 Mitteltontreiber hinzunehmen. Der Aufbau der Box in zwei Stufen ist dann zu empfehlen, wenn Geldmangel den Aufbau der erweiterten und klanglich vorteilhafteren Kombination erschwert. Die Öffnung in der Schallwand für den Mitteltontreiber muß dann abgedeckt werden.

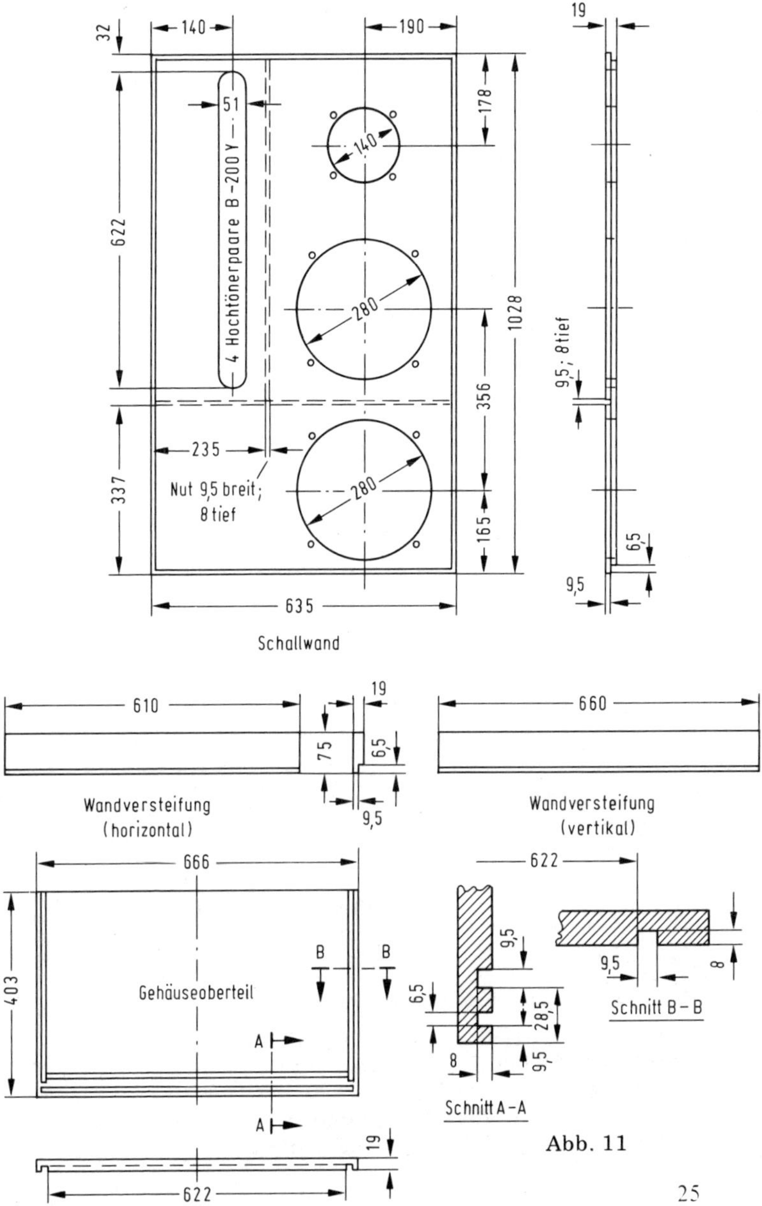
Schallwand
4 Hochtönerpaare B-200 Y
Nut 9,5 breit; 8 tief
9,5; 8 tief
Wandversteifung (horizontal)
Wandversteifung (vertikal)
Gehäuseoberteil
Schnitt A-A
Schnitt B-B

Abb. 11

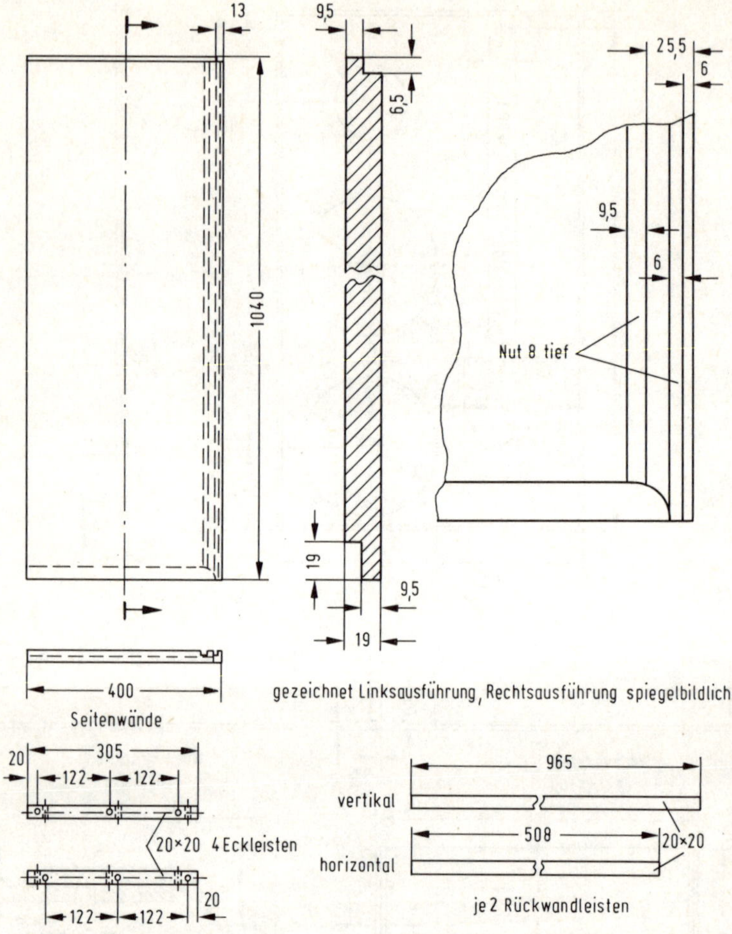

Abb. 11 Geschlossene Box E-4000A KM von BOZAK

2 Stück B-199A Tieftonlautsprecher (16 Ohm)
1 Stück B-209B Mitteltonlautsprecher (8 Ohm)
4 Hochtonpaare B-200 Y
1 Weiche Modell N-104 (Übergangsfrequenzen 400 Hz und 2500 Hz bei 6 dB/Oktave Flankensteilheit)

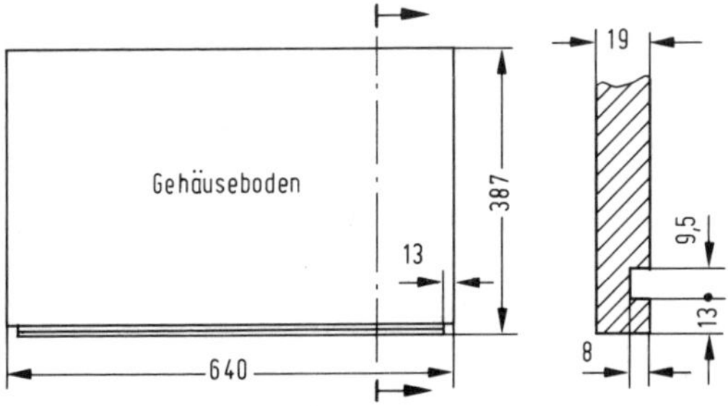

Abb. 11

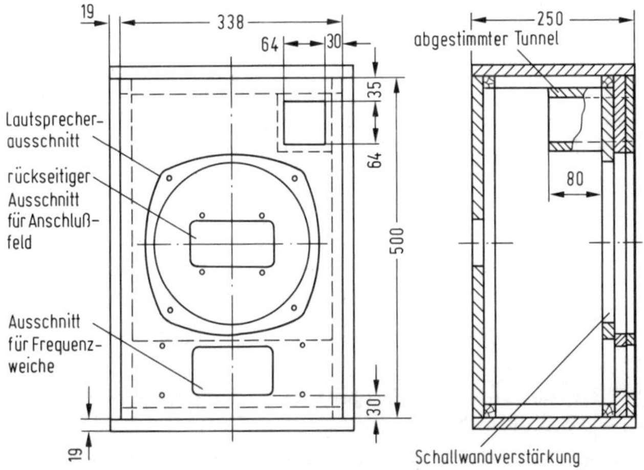

Abb. 12 30-Liter-Baßreflexgehäuse für Koaxial-Treiber HPD 295 A (TANNOY). Maße in mm.

Wände: 1,9 cm dicke Hartspanplatten. Alle Innenwände sind mit etwa 5 bis 10 cm dicken Glasfasermatten oder langfasriger Naturwolle auszuschlagen. Belastbarkeit: 50 Watt (Musik) oder 35 Watt (Sinus).

Weitere Einzelheiten zum Aufbau des Gehäuses und der Schallwand Bilder 16, 17.

Für weniger kraftvolle Basswiedergabe kann unter Fortfall des Tunnels das Gehäuse als geschlossene Box gebaut werden.

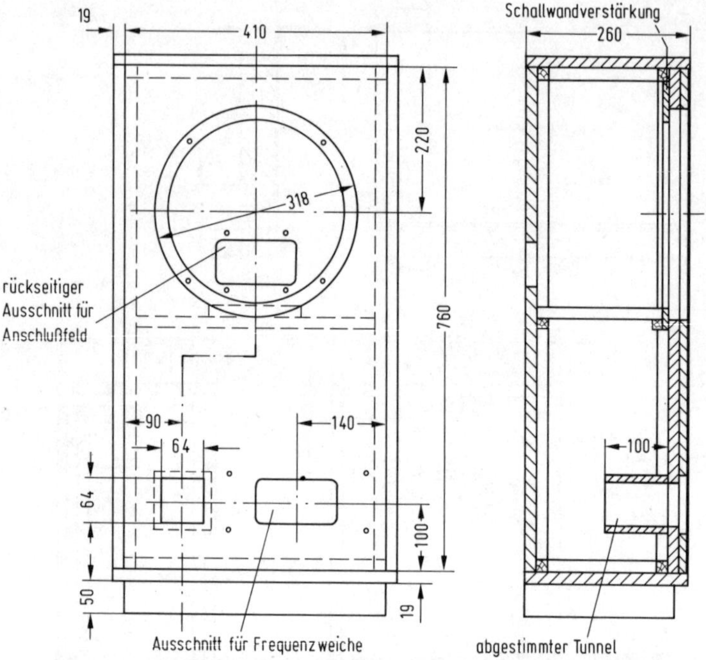

Abb. 13 65-Liter-Baßreflexgehäuse für Koaxiallautsprecher HPD 315 A (TANNOY)

Gehäusewände Hartspan von 1,9 cm Dicke. Maße in mm.
Alle Innenflächen des Gehäuses sind mit 5 bis 10 cm dicken Glasfasermatten oder entsprechender langfasriger Naturwolle auszuschlagen.
Weitere Bauangaben siehe Bilder 16, 17.
Belastbarkeit: 60 Watt (Musik) oder 40 Watt (Sinus)
Bei weniger kraftvoller Bassabstrahlung kann die Box unter Verzicht auf den Schalltunnel geschlossen gebaut werden.

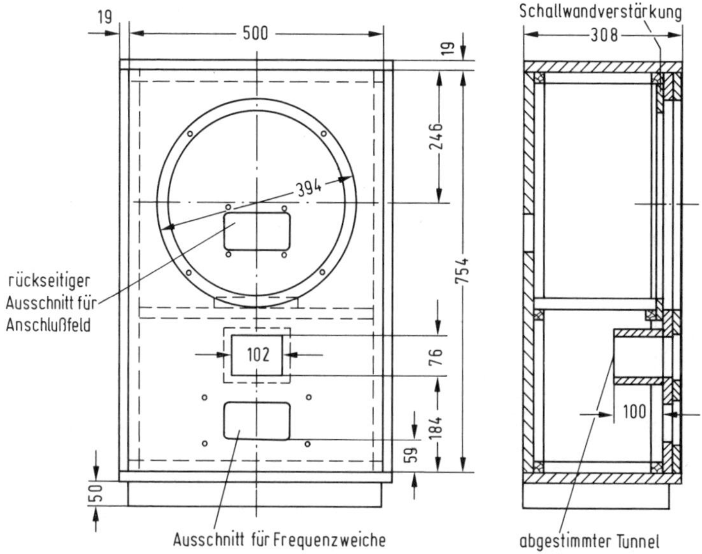

Abb. 14 98-Liter-Bassreflexgehäuse für Koaxial-Treiber HPD 385 A (TANNOY)

Wände: Hartspan von 1,9 cm Dicke. Alle Innenflächen der Box mit 5 bis 10 cm dicken Glasfasermatten oder mit entsprechend langfasriger Naturwolle ausschlagen.
Weitere Angaben zum Aufbau des Gehäuses und der Schallwand Bilder 16 u. 17.
Alle Maße in mm.
Bei weniger kraftvoller Bassabstrahlung kann die Box unter Verzicht auf den Schall-Tunnel geschlossen gebaut werden.

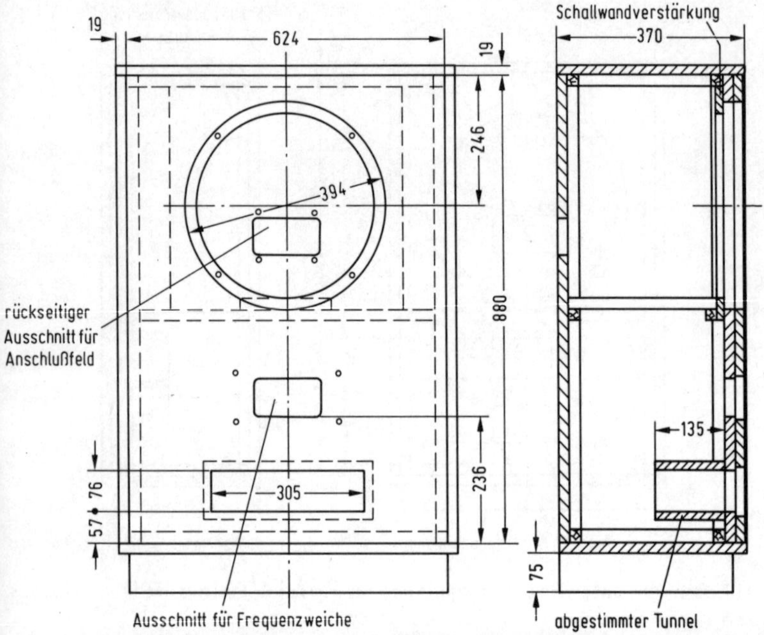

Abb. 15 175-Liter Bassreflexgehäuse für Koaxial-Treiber HPD 385 A (TANNOY)

Holzwände: Hartspanplatten 1,9 cm dick.
Alle Innenflächen der Box mit 5 bis 10 cm dicken Glasfasermatten oder mit entsprechend langfasriger Naturwolle ausschlagen.
Gegenüberliegende Innenwände mit stabilen Querleisten stabilisieren.
Einzelheiten zum Gehäuse und Schallwand siehe Bilder 16, 17.
Maße in mm.
Bei weniger kraftvoller Basswiedergabe kann die Box unter Verzicht auf den Schalltunnel geschlossen gebaut werden.

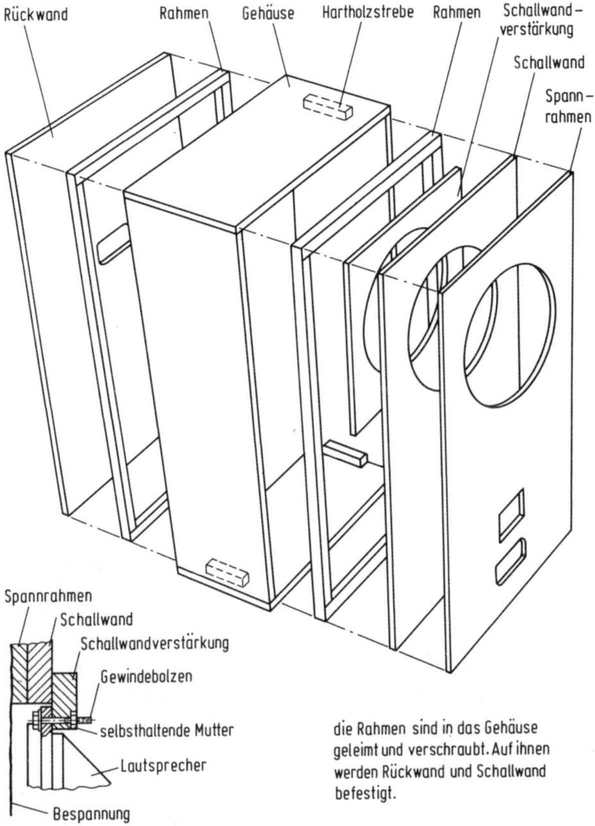

Abb. 16 Einzelheiten zur Gehäusekonstruktion für TANNOY Koaxial-Treiber.

Gehäusewände: hochdichte Spanholzplatten von 1,9 cm Dicke. Die “Schallwandverstärkung“ erlaubt Einbau der TANNOY-Treiber von vorn. Die Vorderkante der Treiber rückt dadurch so nahe an die Außenfläche der Schallwand, daß bündiger Abschluß zustande kommt (Vorteil: keine Beeinträchtigung der Abstrahlung durch Schallstreuung oder Tunneleffekt). Die “Schallwandverstärkung“ ist ganzflächig mit der Schallwand zu verleimen und zu vernageln.

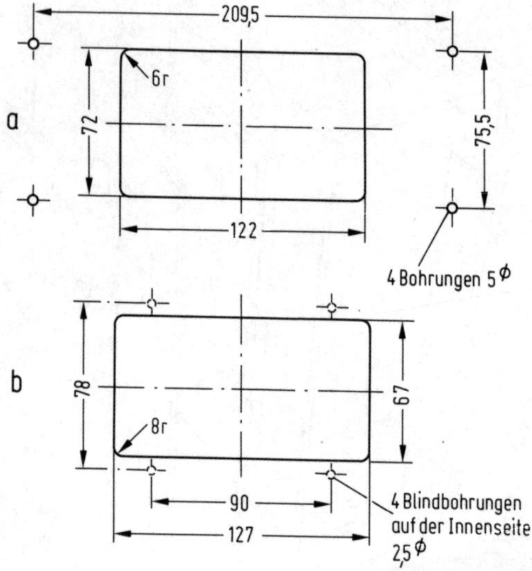

Abb 17. **Ausschnitt für Montage der Frequenzweiche für Tannoy-Lautsprecher**

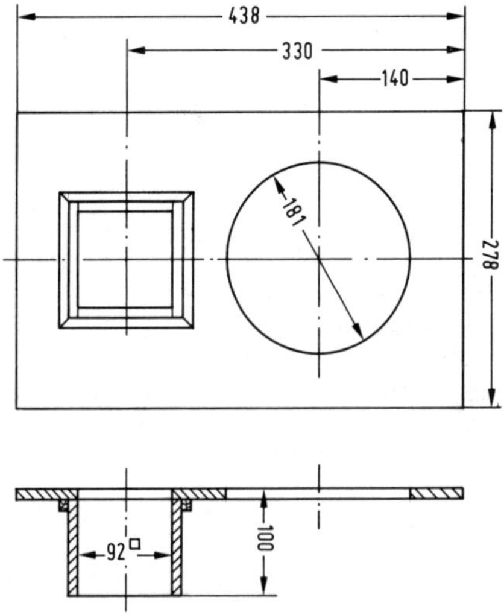

Abb. 18 Bassreflexbox BK 20 (Philips)
Volumen der Box: ca. 20 Liter
Innenabmessungen:
438 mm x 278 mm x 183 mm
Lautsprecher: AD 8080/M8
Übertragungsbereich: 55 ... 18 000 Hz
Belastbarkeit: 6 W

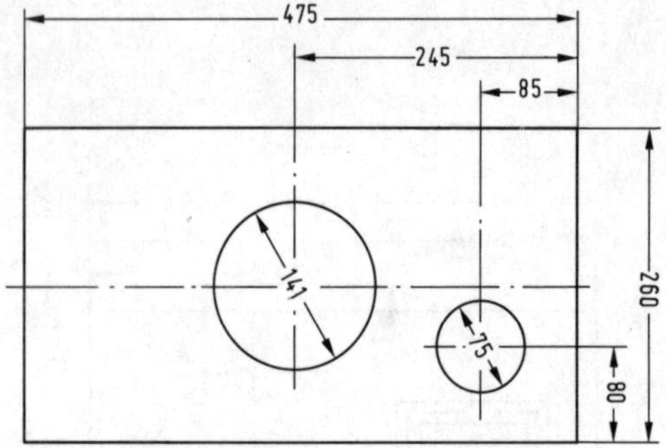

Abb. 19 Geschlossene Box AB 17 (Philips)
Volumen: ca. 17 Liter
Innenabmessungen:
475 mm x 260 mm x 133 mm
Lautsprecher: AD 7061/M8, AD 0160/T8
Weiche: NL 7118 (5000 Hz Übernahmefrequenz) Belastbarkeit: 10 W

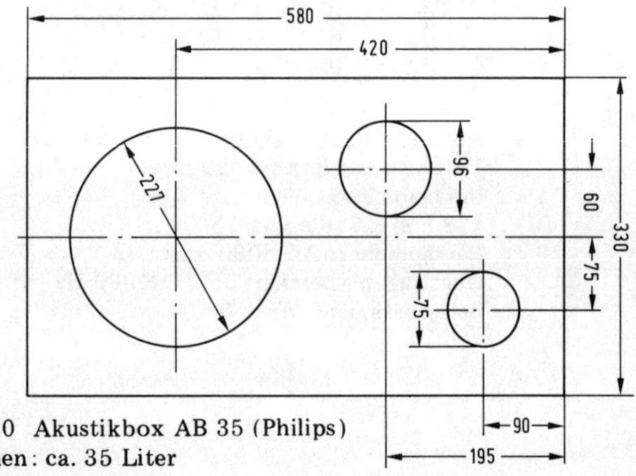

Abb. 20 Akustikbox AB 35 (Philips)
Volumen: ca. 35 Liter
Innenabmessungen:
580 mm x 330 mm x 190 mm
Lautsprecher: AD 10100/W 8, AD 5060/Sq4, 0140/T8
Weiche NL 7181 und NL 7118 (Übernahmefrequenzen 500, 5000 Hz) Belastbarkeit: 40 W

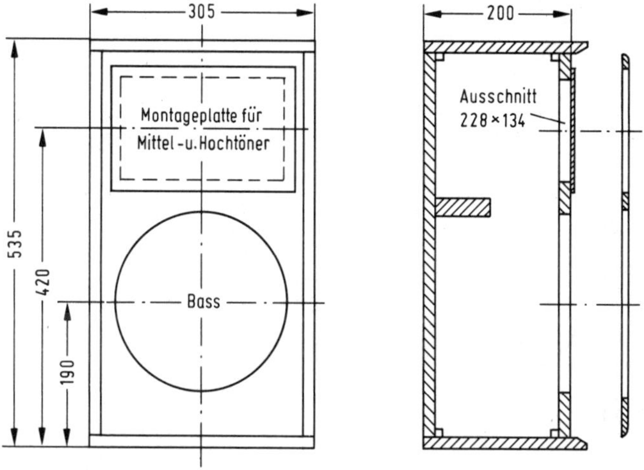

Abb. 21 Geschlossenes Gehäuse für RADFORD Lautsprecher BD. 25/8 (Baß), Mitteltonsystem MD. 9/CB. 1/8 und Hochtöner T.D. 3/8; Frequenzweiche: Modell FN 11/B

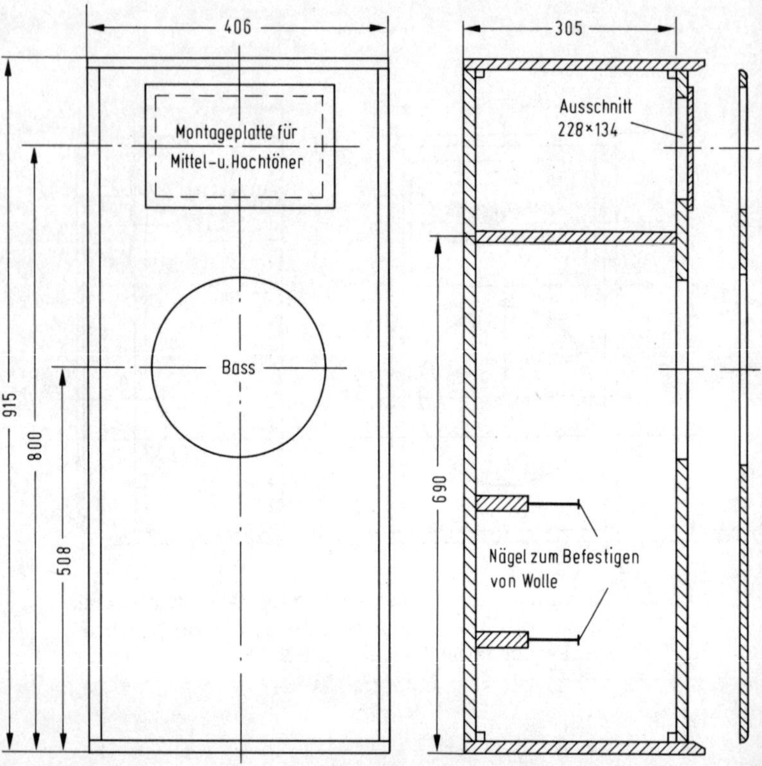

Abb. 22 RADFORD Box "Auditorium A 90"
Baß-Treiber: BD. 25/8; Mittelton-Treiber: D. 9/0B. 8; Hochton-Treiber: TD. 3/8; Frequenzweiche: F.N. 11/A

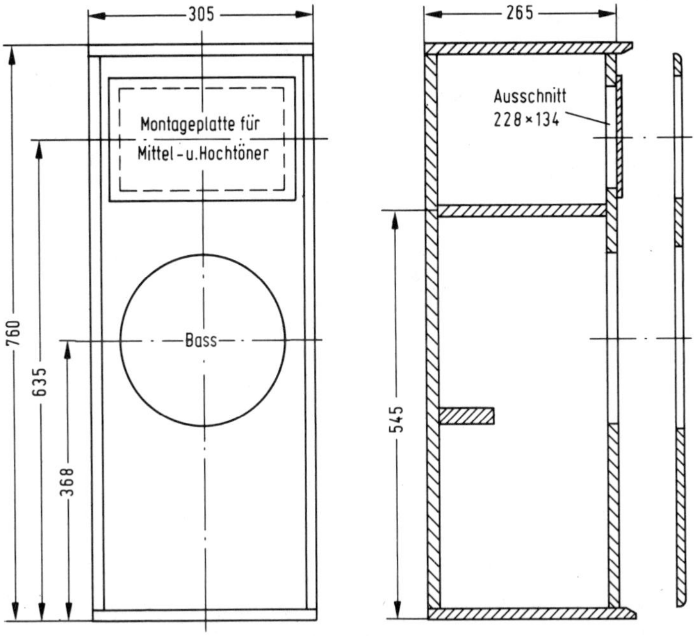

Abb. 23 RADFORD Monitor M. 90
Baß-Treiber: BD. 25/8; Mittelton-Treiber: MD. 9/)B. 8; Hochton-Treiber: TD 3/8; Frequenzweiche: FN. 11/A; Montageplatte für Mittel- und Hochton-Treiber

Abb. 24 80 Liter-Baßreflexbox für JBL Treiber D 208. Innenmaße des Gehäuses: 736,6 mm x 457,2 mm x 254 mm; Detailzeichnung für Gehäuse s. Bilder 28

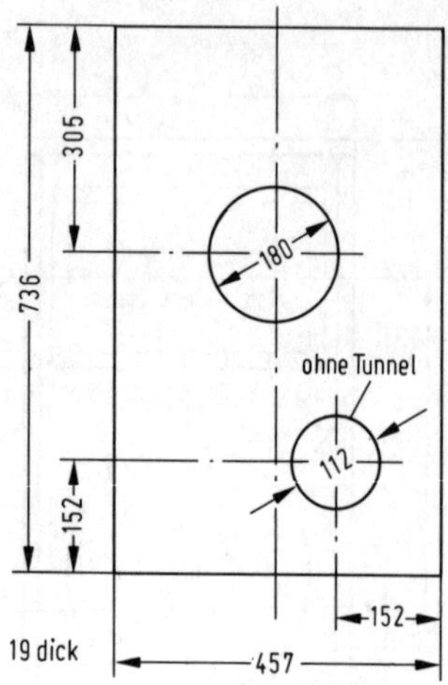

Abb. 25 80 Liter-Baßreflexbox für JBL Treiber LE 14C (Detailzeichnung für Gehäuse s. Abb. 28). Innenmaße des Gehäuses: 736,6 mm x 457,2 mm x 254 mm

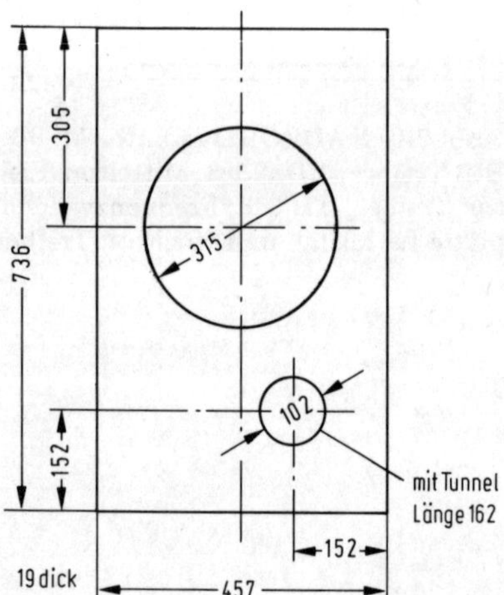

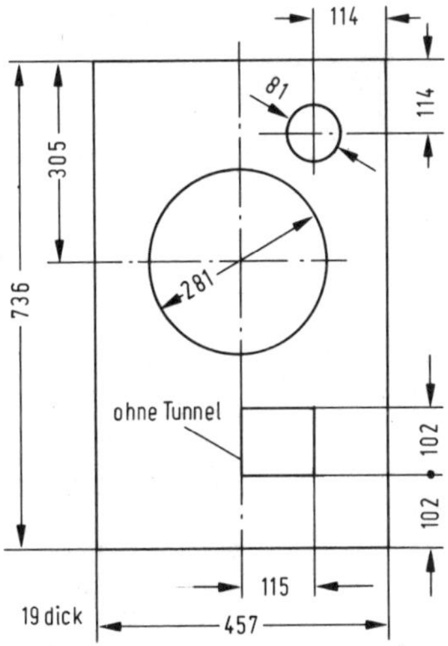

Abb. 26 80 Liter-Baßreflexbox für JBL Treiber D 123 und Hochtöner 075 (Detailzeichnung für Gehäuse s. Abb. 28). Innenmaße des Gehäuses: 736,6 mm x 457,2 mm x 254 mm

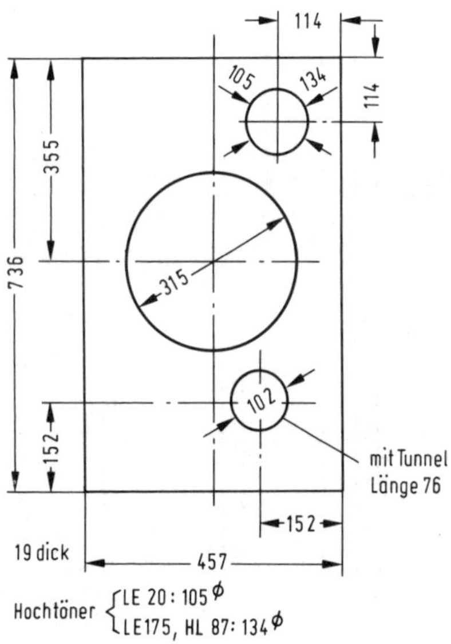

Abb. 27 80 Liter-Baßreflexbox mit JBL Treiber LE 14 A und Hochtöner LE 20 oder LE 175, HL 87 (Detailzeichnung für Gehäuse s. Abb. 28). Innenmaße des Gehäuses: 736,6 mm x 457,2 mm x 254 mm

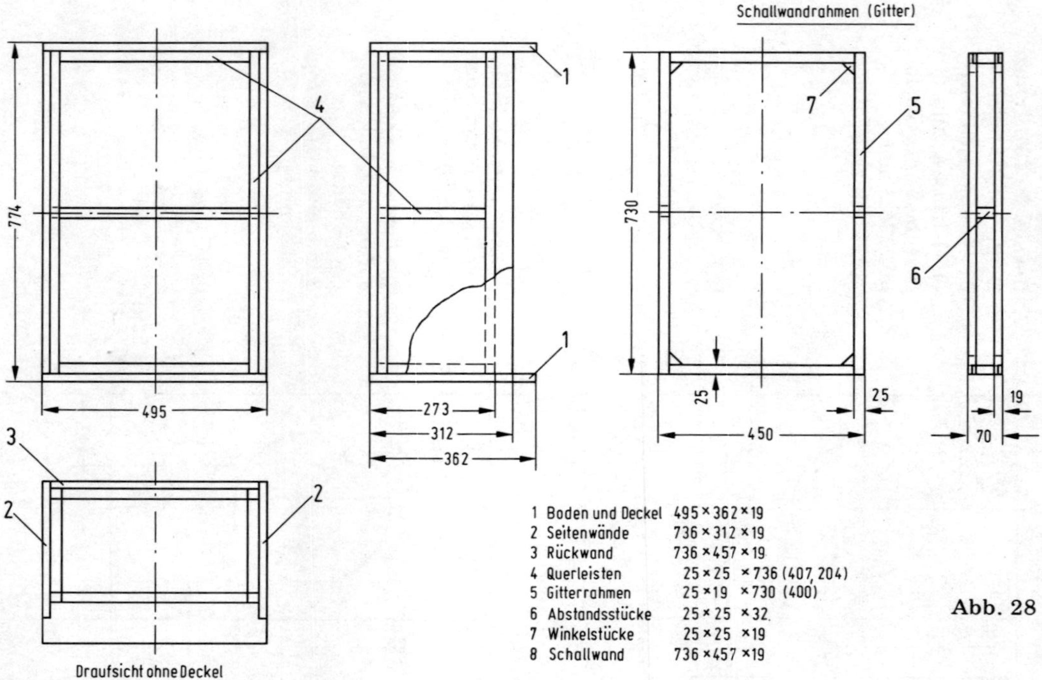

1	Boden und Deckel	495 × 362 × 19
2	Seitenwände	736 × 312 × 19
3	Rückwand	736 × 457 × 19
4	Querleisten	25 × 25 × 736 (407, 204)
5	Gitterrahmen	25 × 19 × 730 (400)
6	Abstandsstücke	25 × 25 × 32
7	Winkelstücke	25 × 25 × 19
8	Schallwand	736 × 457 × 19

Abb. 28

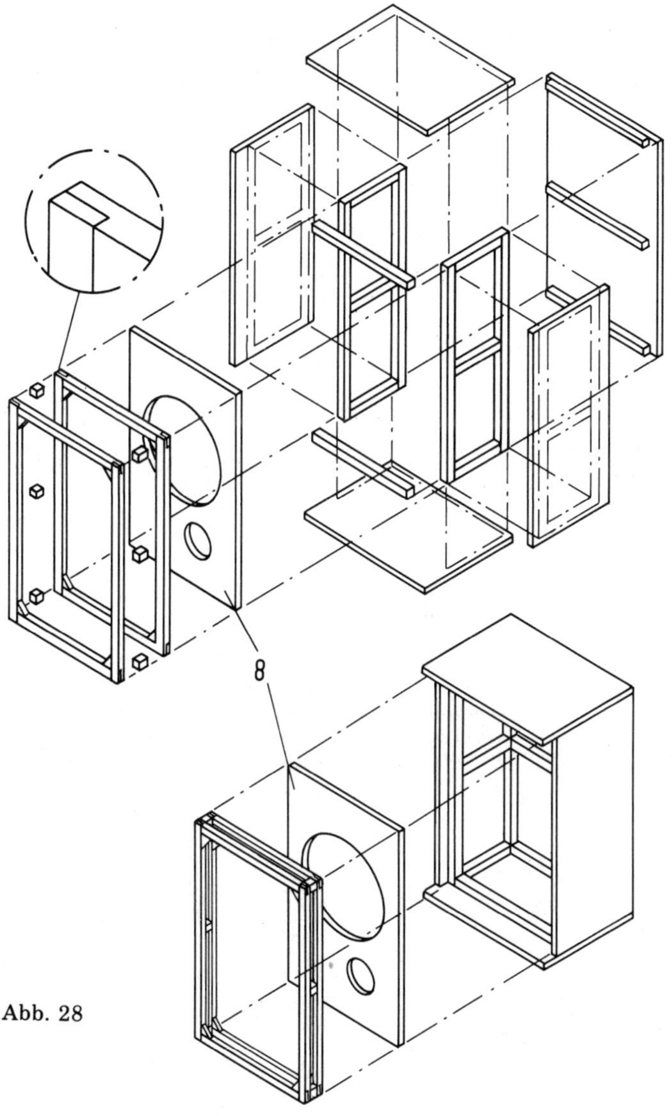

Abb. 28

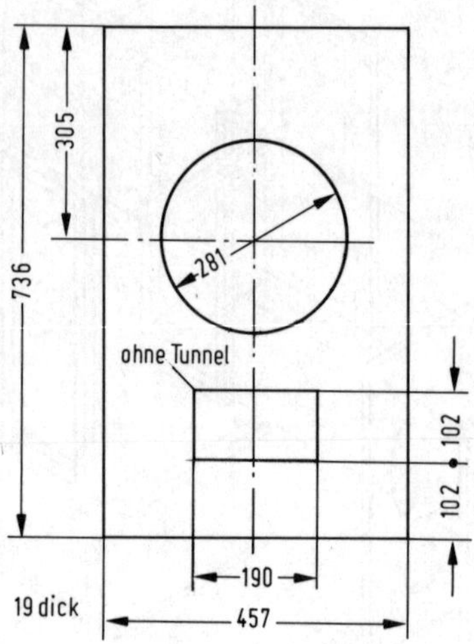

Abb. 29 140 Liter-Baßreflexbox für JBL Treiber D 123 (Detailzeichnung s. Abb. 35). Innenmaße für Gehäuse: 838,2 mm x 457,2 mm x 368,3 mm

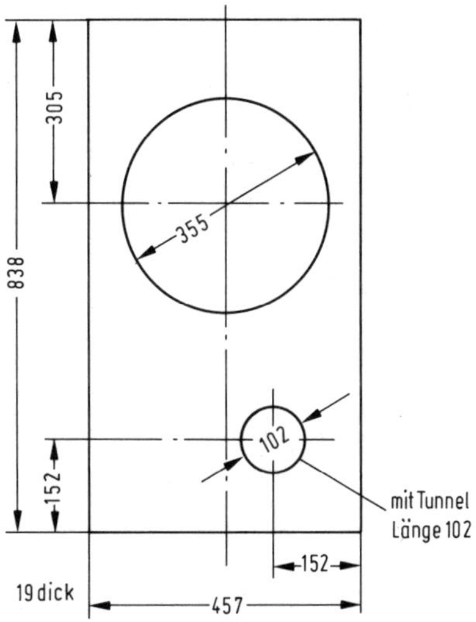

Abb. 30 Baßreflexbox für JBL Treiber 136 A (Detailzeichnung des Gehäuses s. Abb. 35). Innenabmessungen des Gehäuses: 838,2 mm x 457,2 mm x 368,3 mm

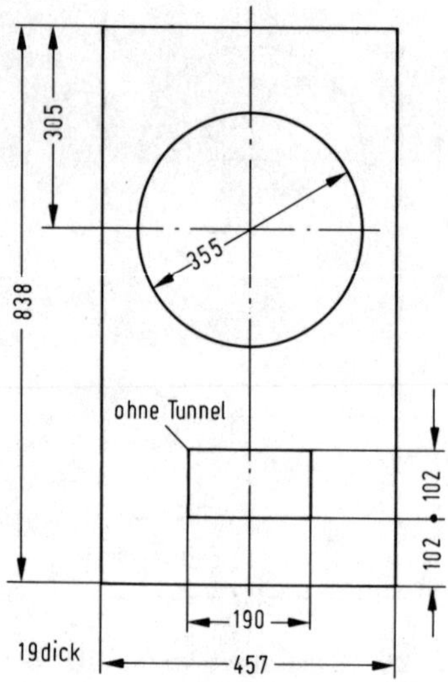

Abb. 31 Baßreflexbox für JBL Treiber D 130 und 130 A (Detailzeichnung des Gehäuses s. Abb. 35). Innenabmessungen des Gehäuses: 838,2 mm x 457,2 mm x 368, 3 mm

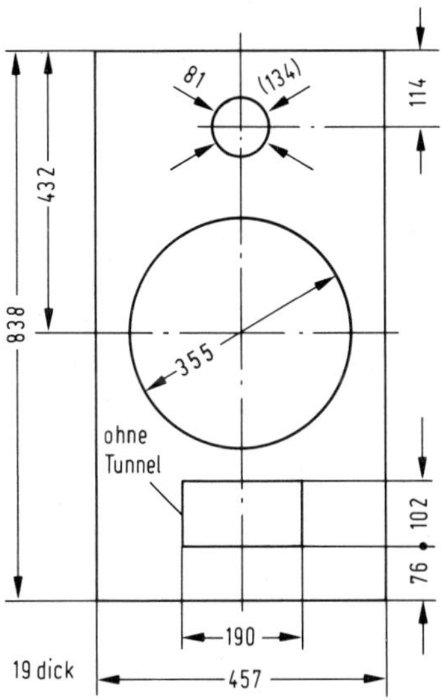

Abb. 32 Baßreflexbox für JBL Treiber D 130 und 075 oder 130 A, LE 175, HL 87 (Detailzeichnung des Gehäuses s. Abb. 35). Innenmaße des Gehäuses: 838,2 mm x 457,2 mm x 368,3 mm

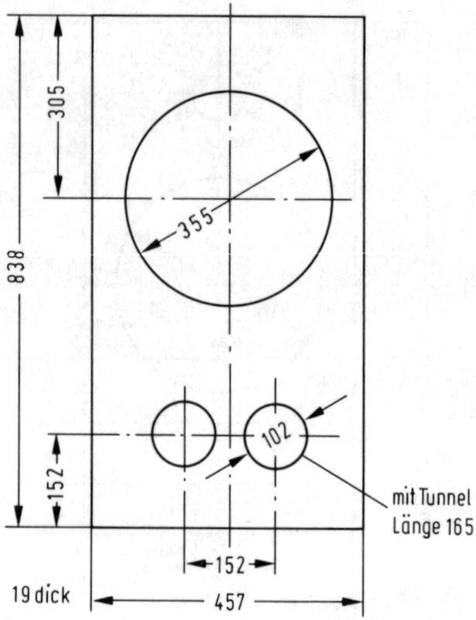

Abb. 33 Baßreflexbox für JBL Treiber LE 15 A (Detailzeichnung des Gehäuses s. Abb. 35). Innenmaße des Gehäuses: 838,2 mm x 457,2 mm x 368,3 mm

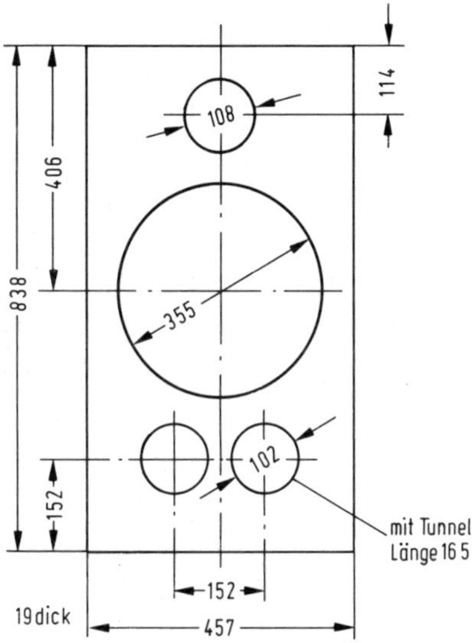

Abb. 34 Baßreflexbox für JBL Treiber LE 15 A und LE 85, HL 91, HL 92 (Detailzeichnung für Gehäuse s. Abb. 35). Innenmaße des Gehäuses: 838,2 mm x 457,2 mm x 368,3 mm

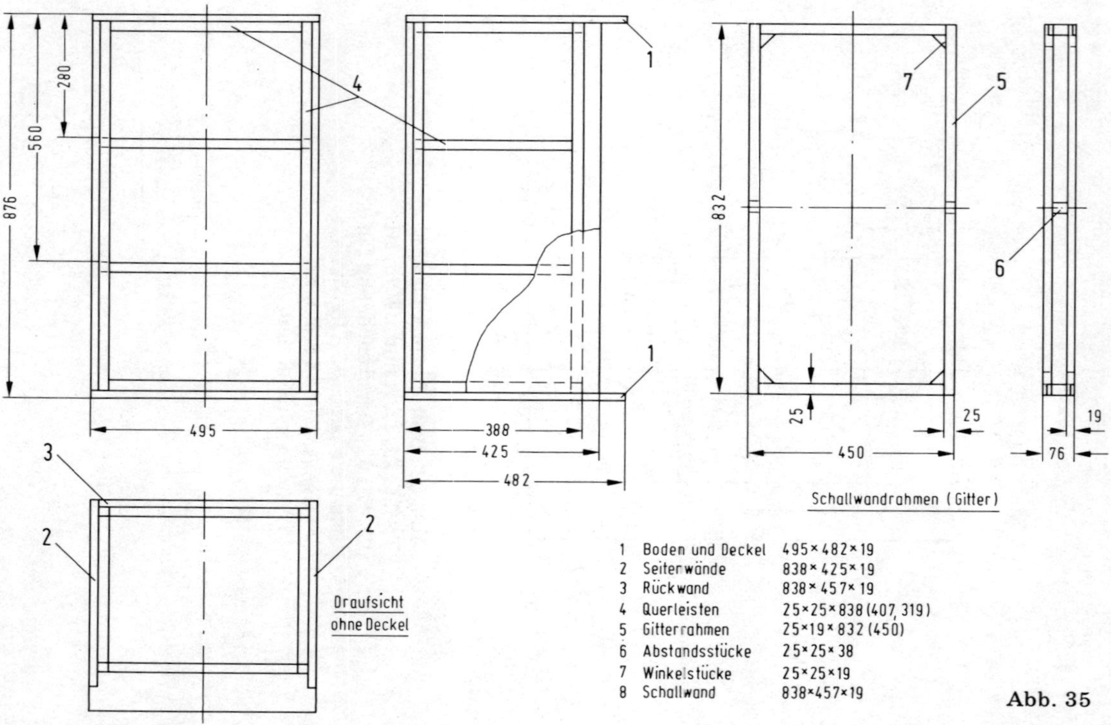

1	Boden und Deckel	495 × 482 × 19
2	Seitenwände	838 × 425 × 19
3	Rückwand	838 × 457 × 19
4	Querleisten	25 × 25 × 838 (407, 319)
5	Gitterrahmen	25 × 19 × 832 (450)
6	Abstandsstücke	25 × 25 × 38
7	Winkelstücke	25 × 25 × 19
8	Schallwand	838 × 457 × 19

Abb. 35

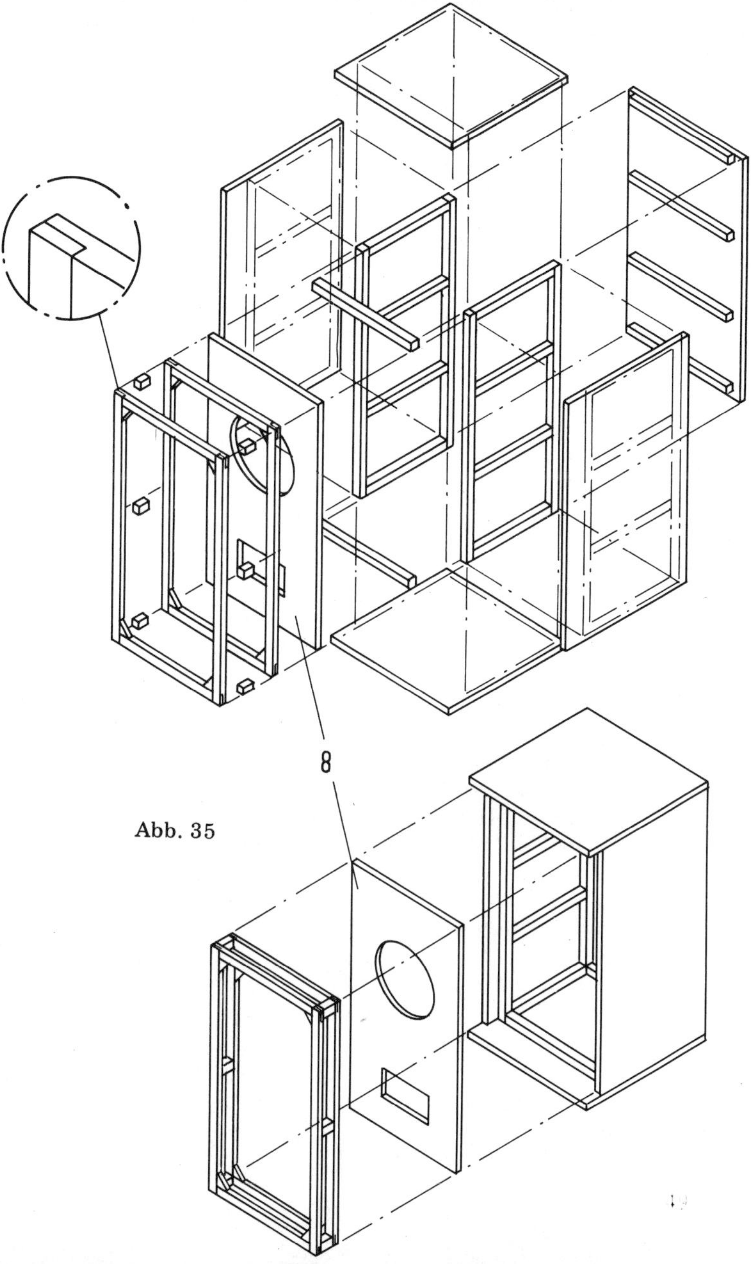

Abb. 35

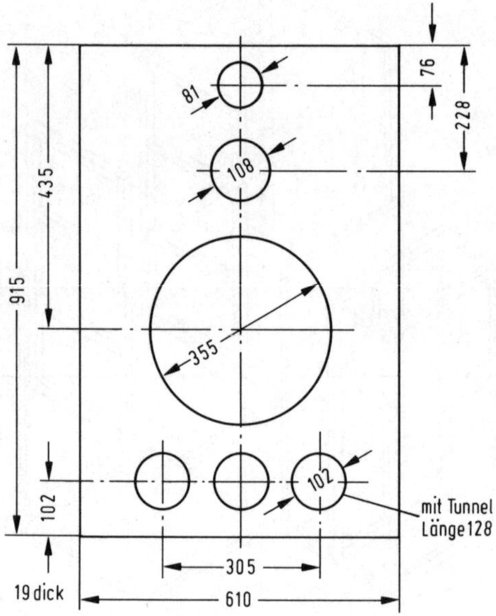

Abb. 36 220 Liter-Baßreflexbox für JBL Treiber LE 15 A und Mittel-Hochtöner LE 85, HL 91,HL 92 oder 375, HL 93 und 075 oder 077 (Detailzeichnung für Gehäuse s. Abb. 38). Innenabmessungen des Gehäuses: 914,4 mm x 609,6 mm x 406,4 mm

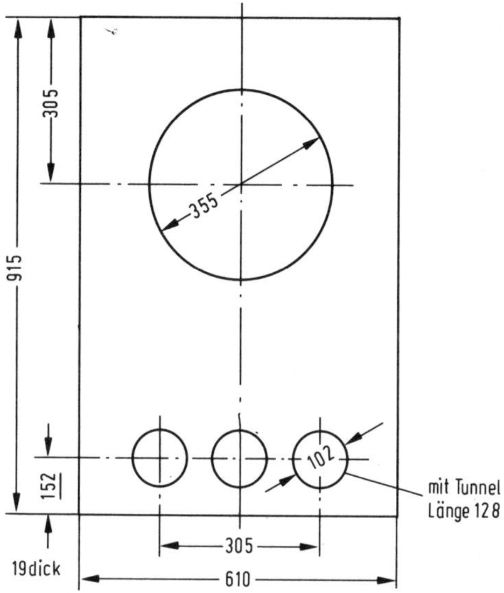

Abb. 37 220 Liter-Baßreflexbox für JBL Treiber LE 15 A (Detailzeichnung für Gehäuse s. Abb. 38). Innenabmessungen des Gehäuses: 914,4 mm x 609,6 mm x 406,4 mm

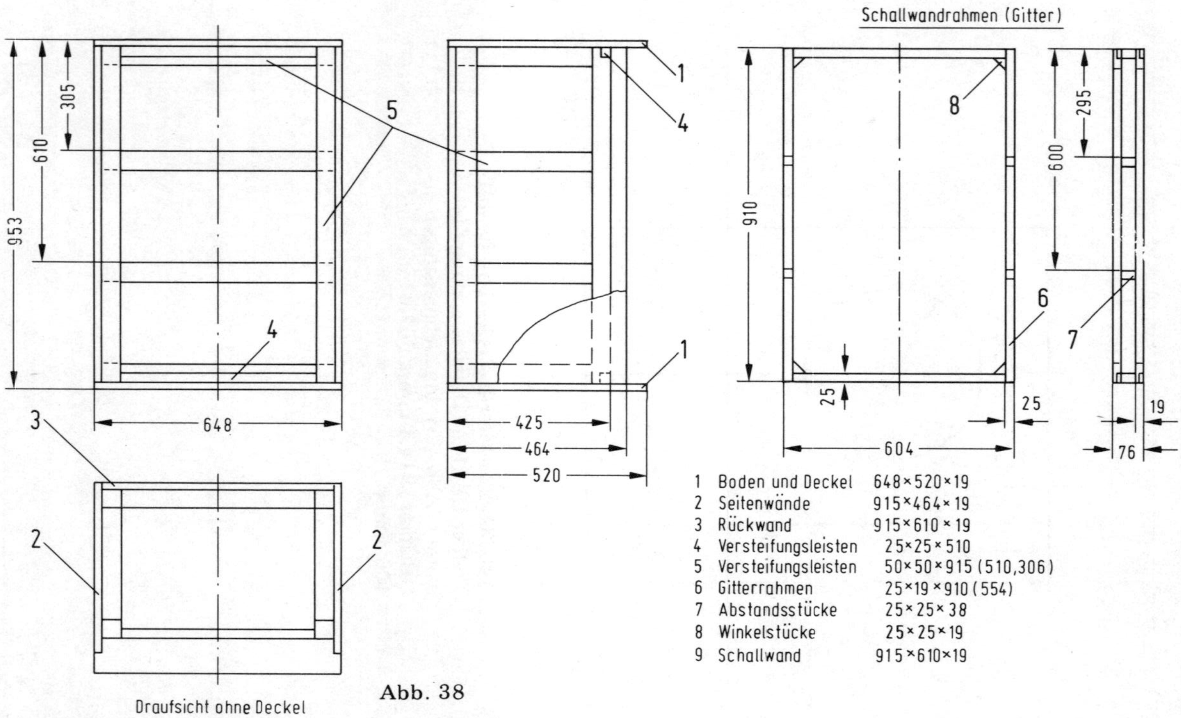

1	Boden und Deckel	648×520×19
2	Seitenwände	915×464×19
3	Rückwand	915×610×19
4	Versteifungsleisten	25×25×510
5	Versteifungsleisten	50×50×915 (510,306)
6	Gitterrahmen	25×19×910 (554)
7	Abstandsstücke	25×25×38
8	Winkelstücke	25×25×19
9	Schallwand	915×610×19

Abb. 38

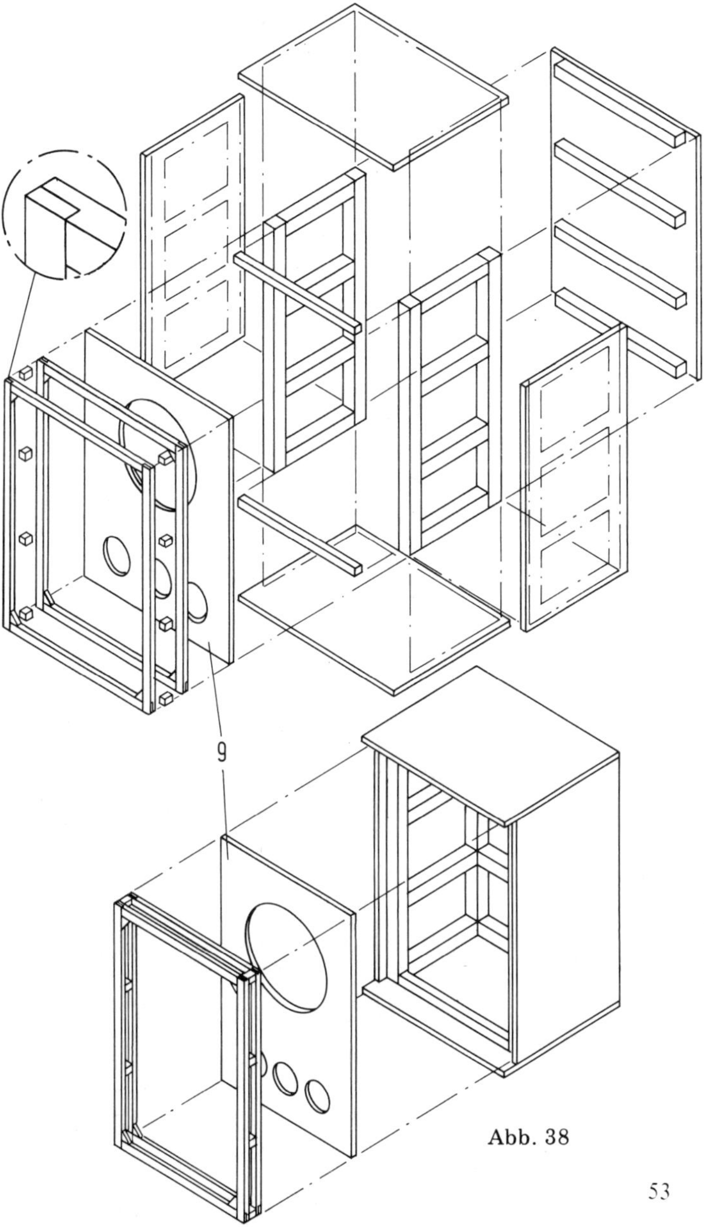

Abb. 38

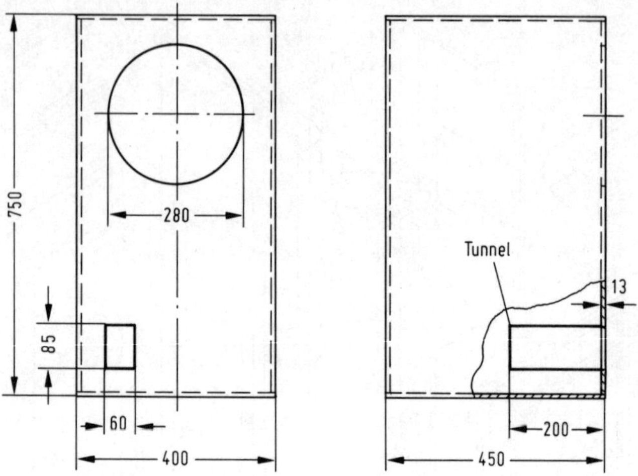

Abb. 39 Baßreflexgehäuse für JBL-Lautsprecher 124 A

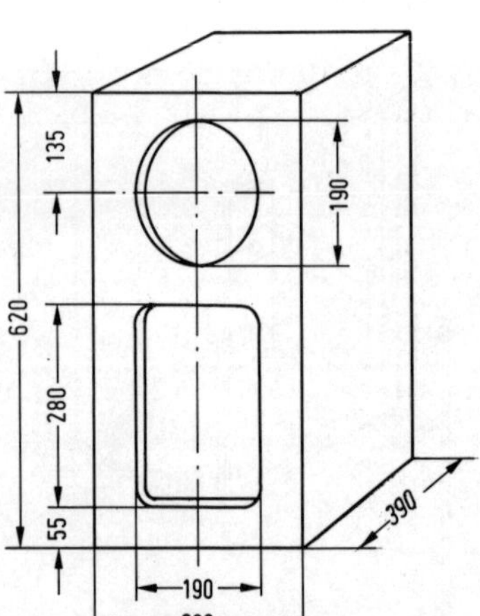

Abb. 40 Bassreflexgehäuse für KEF-B 200 und parasitärem Strahler KEF-SP 1042

Abb. 41 Mitteltongehäuse für KEF B110-Mitteltonlautsprecher. Die Gehäusekonstruktion ist für minimale Beugungseffekte ausgelegt und gestattet mit dem Treiber B 110 einen gleichmäßigen Schalldruck-Frequenzgang. Die untere übertragbare Grenzfrequenz liegt bei 250 Hz. Spanplatten 9 mm stark.

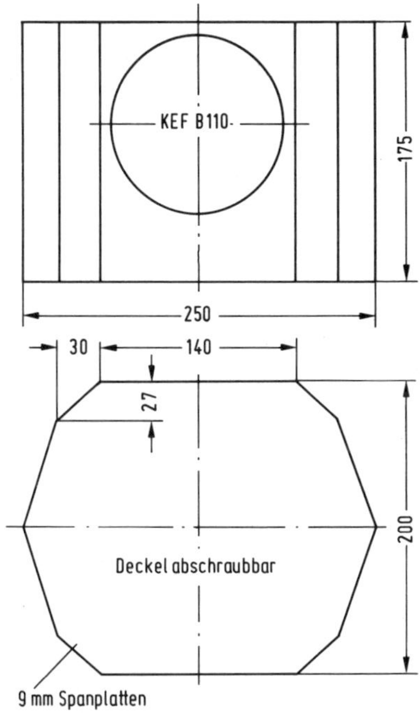

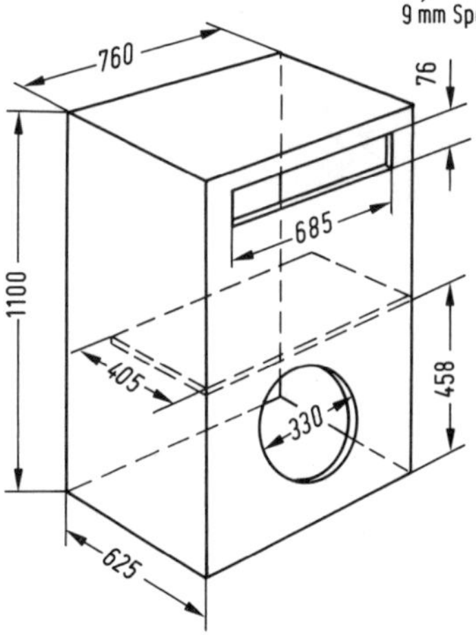

Abb. 42 VITAVOX-Bassreflexbox. Treiber-Modelle: AK 154, AK 155, AK 156, AK 157 (VITAVOX). Bei Anwendung anderer Treiber von 38 cm Ø ist darauf zu achten, daß deren Resonanzfrequenz etwa 35 Hz beträgt (keine weich eingespannten Membranen!).

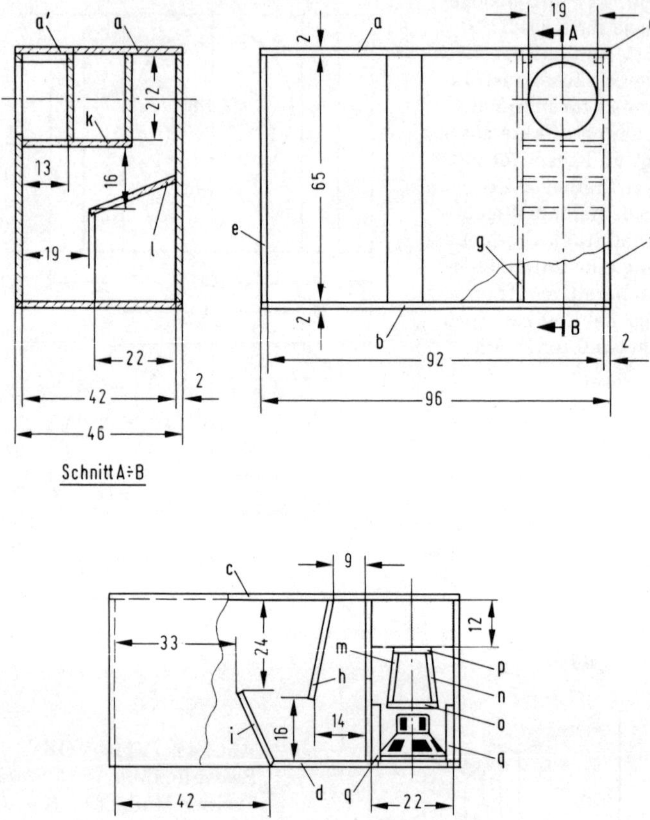

(bei 19 mm Plattenstärke Anschlußmaßänderung)

Abb. 43 Exponentialbox nach Schmacks

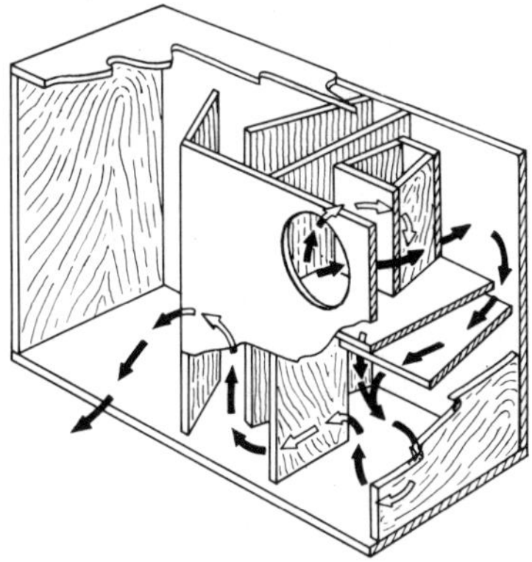

Abb. 43 Exponentialbox nach Schmacks
Lautsprecher: Goodmans 8 PA, Isophon PSL 203/35, Audax HD 20 B 25 H; HIF 20 ESM, JBL D 208. Grundsätzlich kommen alle Baßlautsprecher mit harter Membraneinspannung (Resonanzfrequenzen zwischen 30 Hz und 70 Hz) und etwa 20 cm Membrandurchmesser inbetracht. Lautsprecher mit sogenannter akustischer Aufhängung (extrem niedrige Resonanzfrequenz) sind nicht geeignet.

a: 96 x 46 cm
b: 96 x 46 cm
c: 96 x 65 cm
d: 52 x 65 cm → erhält 19 cm Ø Lautsprecheröffnung
e: 44 x 65 cm
f: 42 x 65 cm
g: 42 x 65 cm → erhält trapezförmigen Durchbruch
h: 27 x 65 cm
i: 22 x 65 cm } eine lange Kante abschrägen
k: 22 x 30 cm
l: 22 x 25 cm → eine kurze Kante abschrägen
m: 22 x 13 cm
n: 22 x 13 cm
o: 22 x 12 cm
p: 22 x 10 cm } zum stumpfen Keil zusammenfügen

Alle Wände aus 1,8 cm dicken bituminierten Weichfaserplatten.

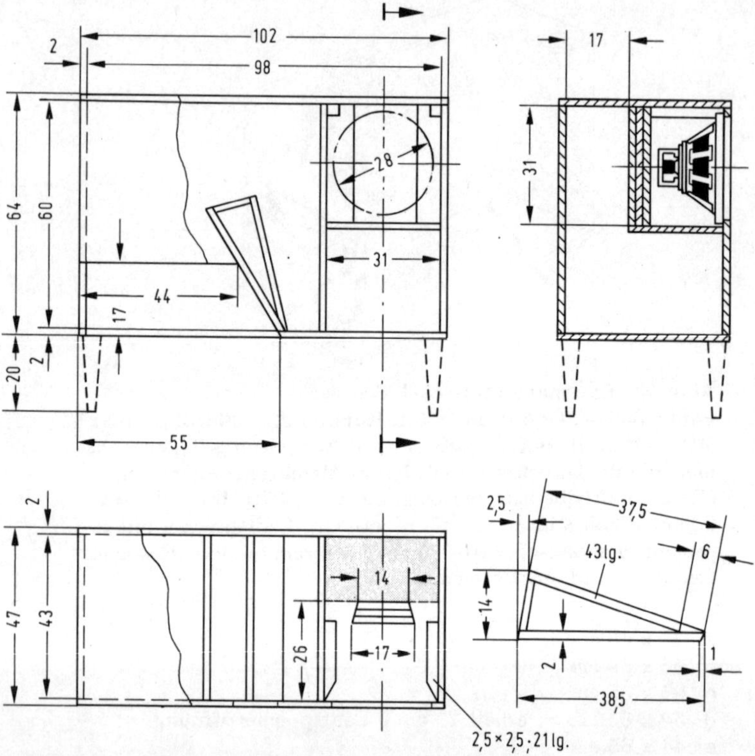

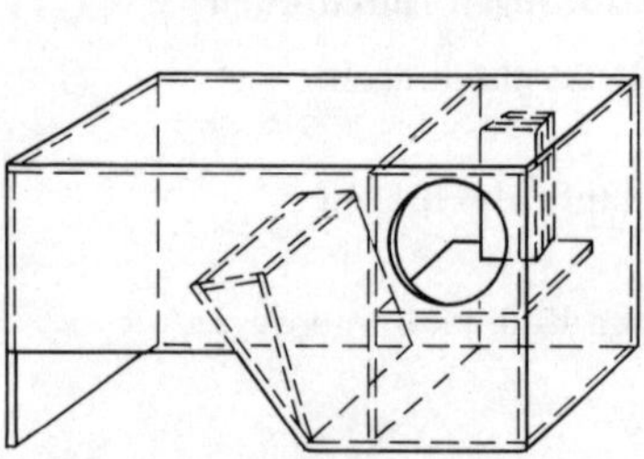

Abb. 44 Exponentialbox für Lautsprecher mit 28 cm Ø. Resonanzfrequenz > 30 Hz. Lautsprecher: AITEC 417-8H, Electro Voice TL 806, JBL 2202 A, Isophon P 30/37 A

Abb. 45 Exponentialbox für Lautsprecher mit 38 cm Ø. Lautsprecher: Altec 416, Isophon P 385/100 A, Celestion G 15/100 (Lead curred cone), Vitavox AK 155; AK 157

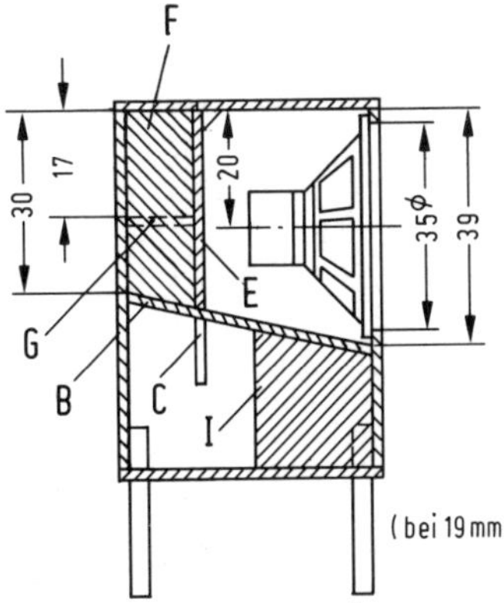

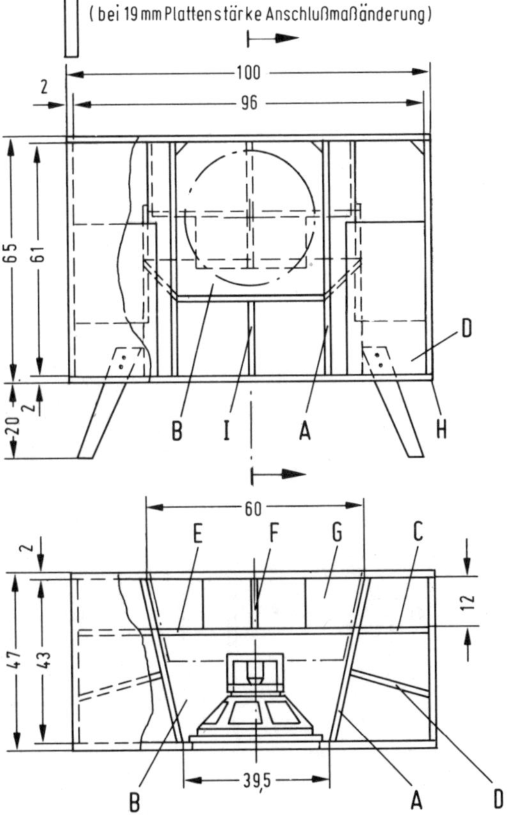

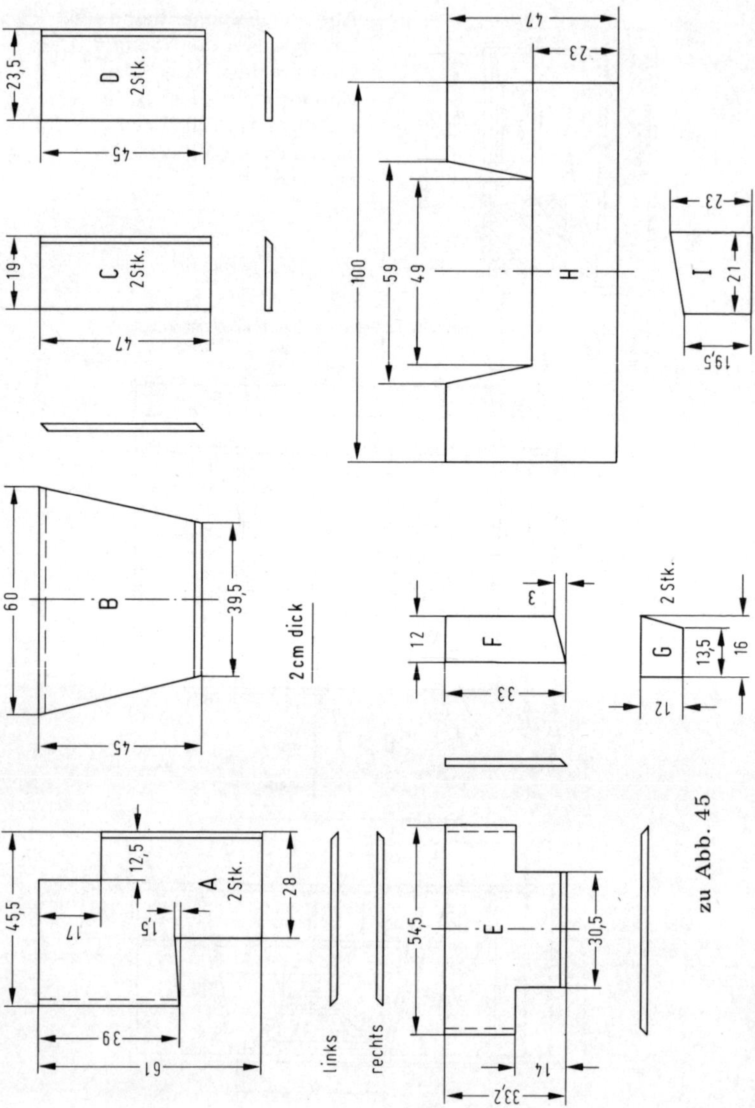
A
2Stk.
45,5
12,5
28
17
1,5
39
61
links
rechts
B
60
39,5
45
2cm dick
C
2Stk.
19
47
D
2Stk.
23,5
45
E
54,5
30,5
14
33,2
F
12
3
33
G
2 Stk.
13,5
16
12
H
100
59
49
47
23
I
23
21
19,5

zu Abb. 45

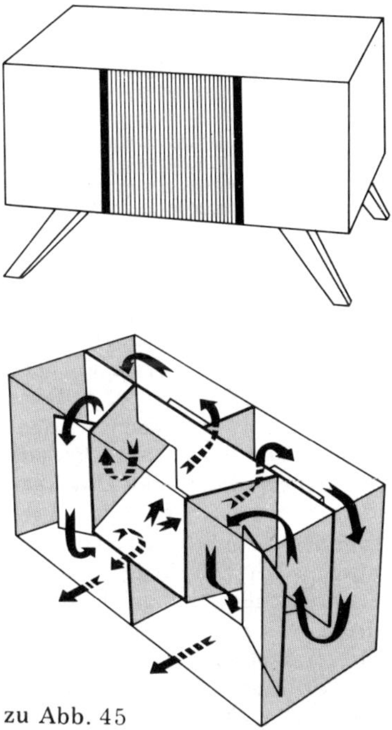

zu Abb. 45

Das im folgenden beschriebene Horn ist relativ leicht zu bauen und ermöglicht eine für fast alle Anwendungen hervorragende Tieftonwiedergabe bis zu einer unteren Grenzfrequenz von 65 Hz bis 70 Hz. Lautsprecher: Isophon P 38 A, P 385/100 A oder Audax HD 35 S 66. Die Übernahmefrequenz zu den Mittel-Hochtonlautsprechern soll 400 Hz nicht überschreiten.

Stückliste

1) 2 Stück Spanplatten 16 mm dick: 568 x 600 mm
2) 2 Stück Spanplatten 16 mm dick: 600 x 616 mm
3) 1 Stück Spanplatte 16 mm dick: 568 x 600 mm
4) 2 Stück Spanplatten 16 mm dick: 568 x 550 mm (abschrägen)
5) 1 Stück Spanplatte 16 mm dick: 568 x 418 mm
6) 4 Stück Spanplatten 16 mm dick: 240 x 75 mm (abschrägen)
7) 1 Stück Spanplatte 16 mm dick: 600 x 166 mm

Beim Aufbau des Basshorns montiere man zunächst die Bauteile **1 1 2 3.** Anschließend markiere man für Bauteil **3** die Schraubenlöcher für die Teile **6.** Sodann wird in der Schallwand **5** die Öffnung für das Basslautsprecher ausgeschnitten. Danach werden die Seitenwände **4** der Druckkammer fest mit der Schallwand **5** vereint. Es ist darauf zu achten, daß die Bauteile der Druckkammer völlig luftdicht mit den übrigen Gehäusebauteilen abschließen. Die einzige Öffnung der Druckkammer ist die Lautsprecheröffnung. Die Montage des Lautsprechers kann erfolgen, indem man in der Wand **2** eine durch die Bauteile **4 4 5** gegebene dreieckige Öffnung anbringt. Zu diesem Zweck wird der Ausschnitt in Fläche **2** *innerhalb* von **4 4 5** markiert. Nach Montage des Basslautsprechers wird die Öffnung durch eine Spanplatte wieder abgedeckt. Diesen Teil der Box wird man zweckmäßig auf den Fußboden stellen.

Abb. 46 a) Ansicht der Box von oben. Die Bauteile 4, 4, 5 müssen luftdicht mit Boden und Deckel 2 des Gehäuses abschließen. Sämtliche Fugen verleimen und die angrenzenden Bauteile verschreuben.

b) Ansicht der Box von rückwärts. Das Bauteil 3 ist in der Skizze fortgelassen, um die Bauteile 5 und 6 sichtbar zu machen

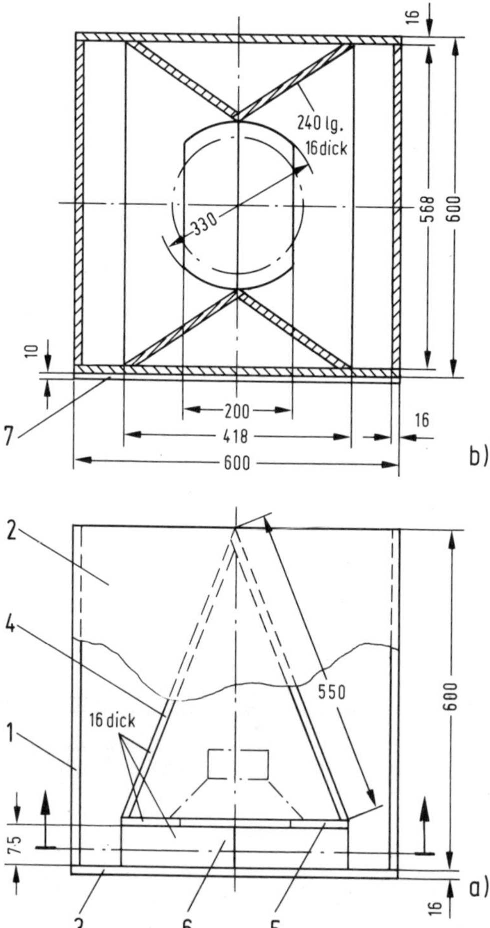

Abb. 46 Basshorn mit kleinen Abmessungen
(Nach "Bygg själv" der schwedischen Fachzeitschrift "Radio och Television, Stockholm)

Abb. 47 Klipsch-Horn
Lautsprecher: Altec 417-8H,
Electro-Voice TL 806,
Goodmans 12 P, Isophon
P 30/37 A, JBL 2202 A

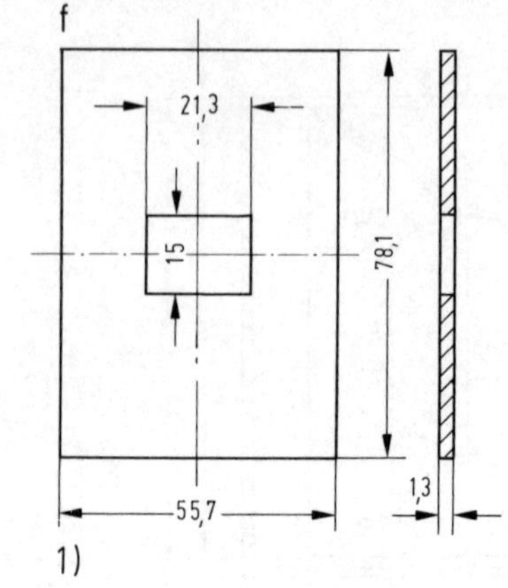

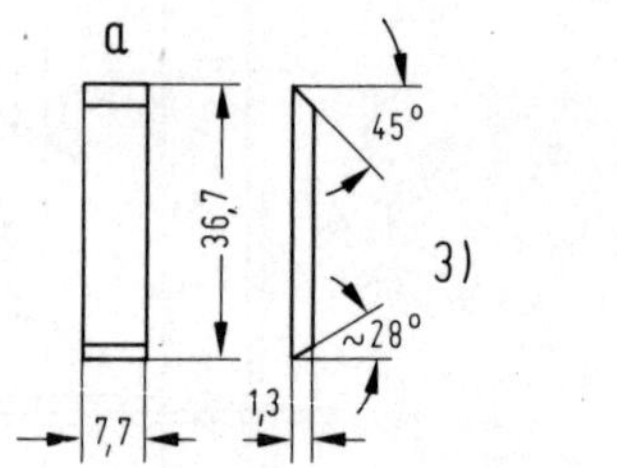

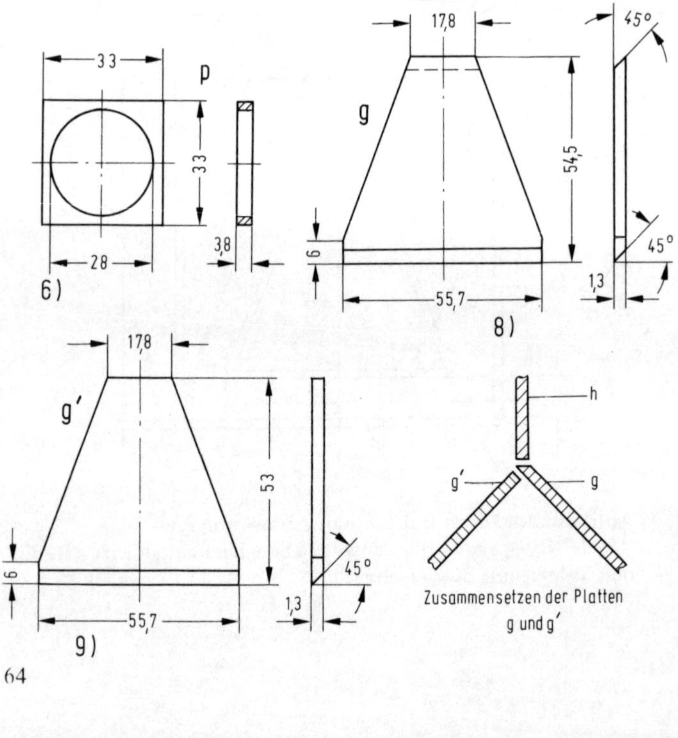

zu Abb. 47

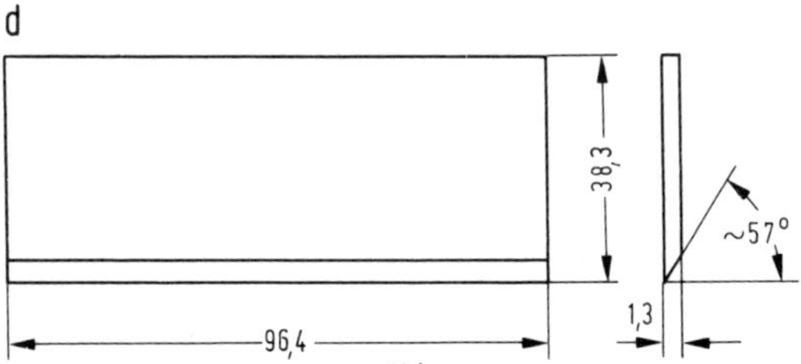

10)

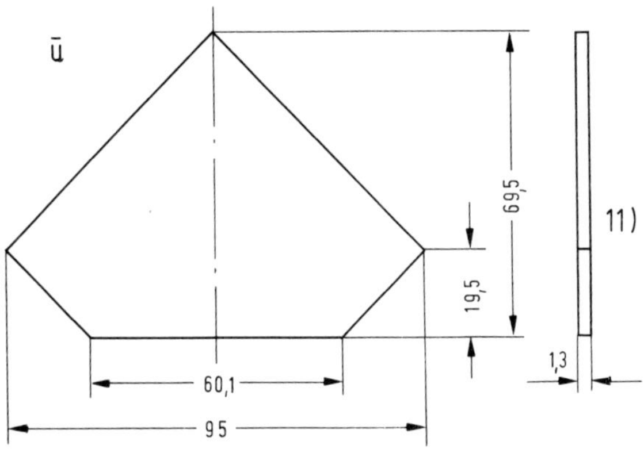

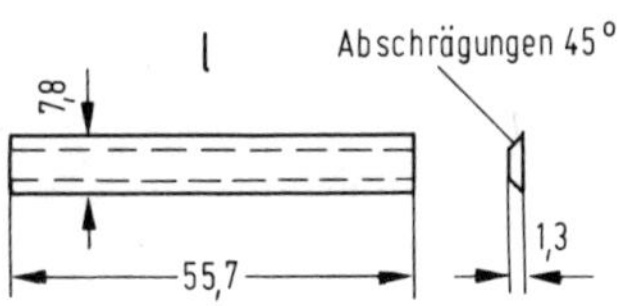

12)

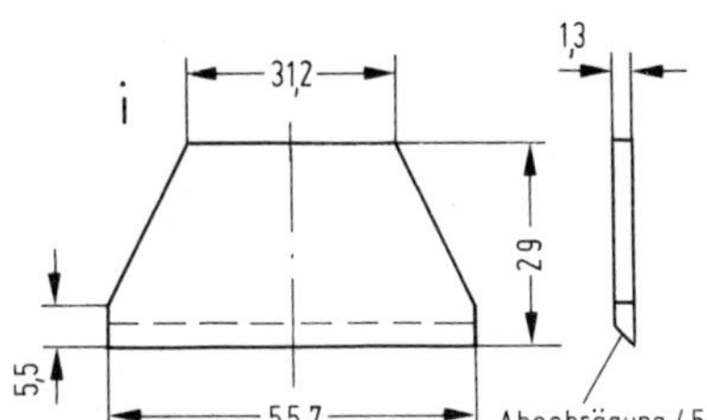

13)

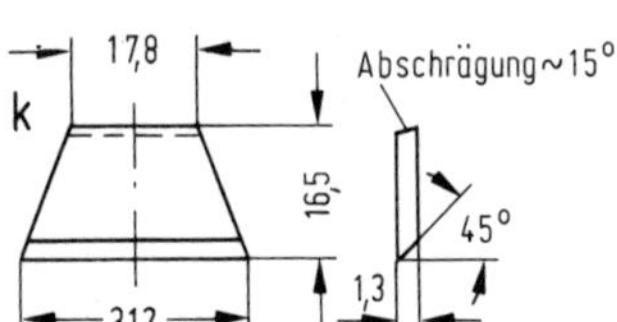

14)

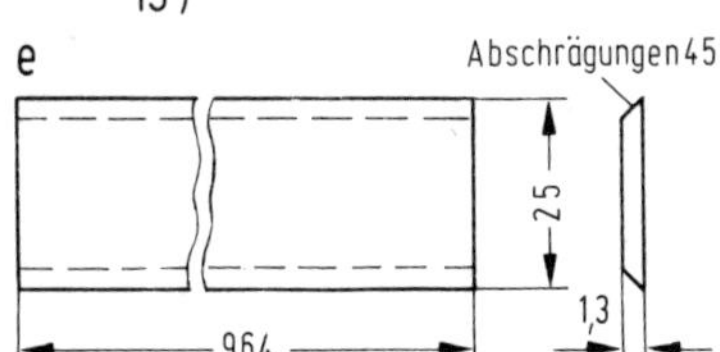

16)

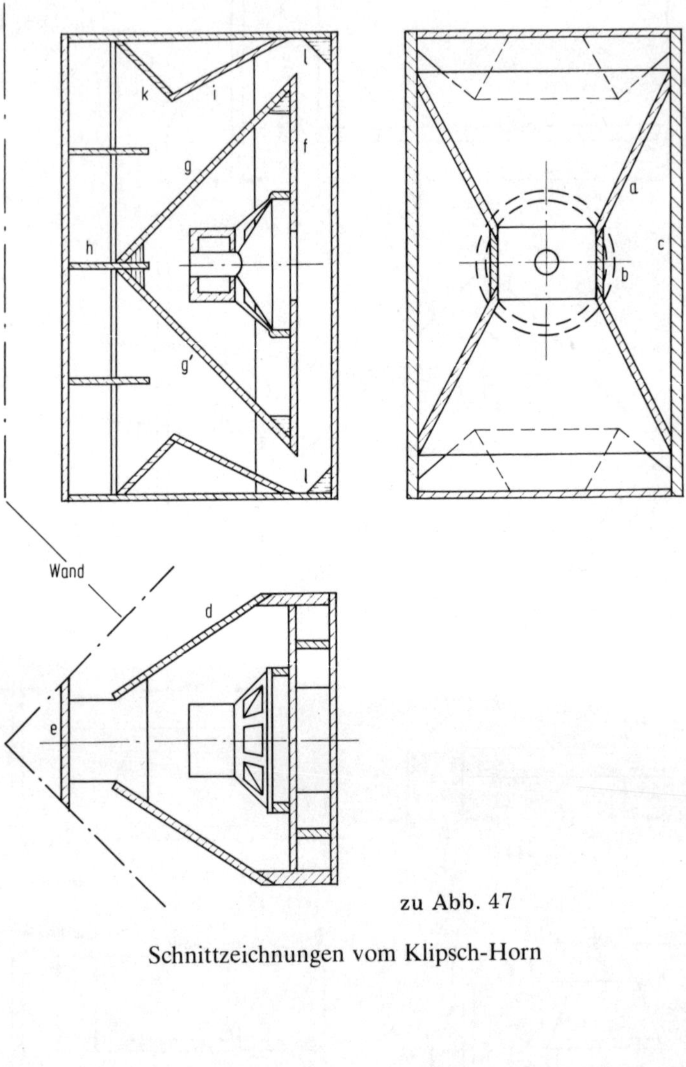

zu Abb. 47

Schnittzeichnungen vom Klipsch-Horn

Es empfiehlt sich beim Bau des Klipsch-Horns in den folgenden Stufen vorzugehen:

1) Platte f
2) Zwei Platten b: 15,0 x 7,7 cm
3) Vier Platten a
4) Frontplatte: 99,1 x 60,1 cm
5) Zwei Platten c: 96,4 x 13,6 cm
6) Druckkammer-Platte p
7) Anschließend Montage des Lautsprecherchassis
8) Platte g
9) Platte g'; Zusammensetzen der Platten g und g'
10) Erste Platte d
11) Boden und Deckel ū
12) Zwei Platten l
13) Zwei Platten i
14) Zwei Platten k
15) Zweite Platte d (siehe erste Platte d)
16) Platte e
17) eine Platte h: 17,8 x 9,7 cm

Ausführungen des Klipsch-Horns

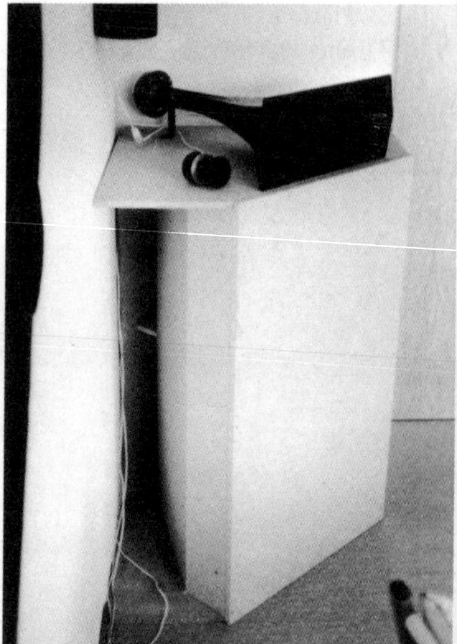

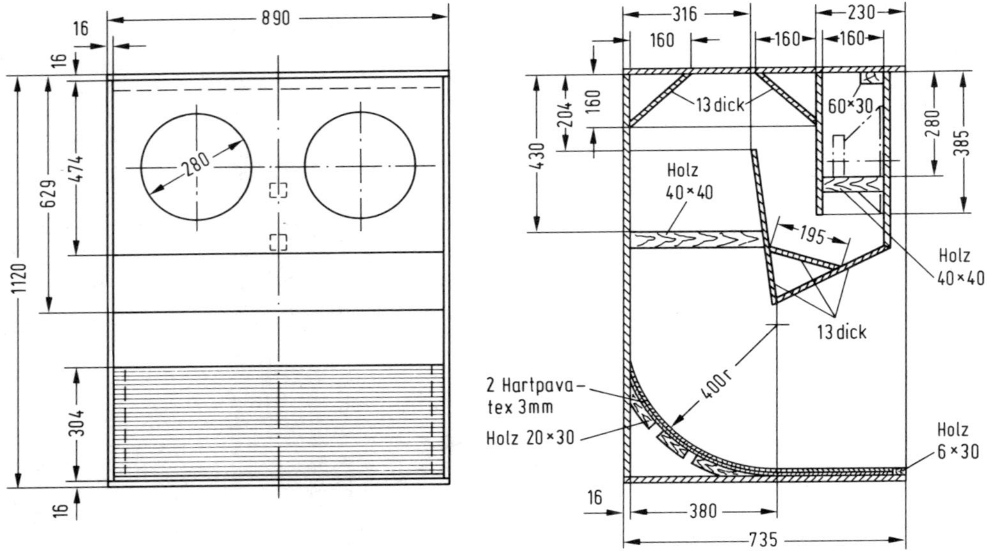

Abb. 48 JBL-Falthorn für Popmusik, Lautsprecher JBL 2202 A

Abb. 49a, b Konstruktionszeichnung für eine Tiefton-Mittel-Hochton-Hornstrahlerkombination nach J.Dinsdale, Wireless World, Juni 1974

Querschnittsabmessungen für Tiefton-Horn nach Abb. 49 a

A = 2,69 cm	Treiber: KEF B 139
B = 4,32	untere Übertragungsfrequenz
C = 7,06	etwa 40 Hz
D = 9,65	
E = 13,72	obere zulässige Übertragungs-
F = 19,05	frequenz 400 Hz
G = 31	
H = 58,4	Im oberen Teil des Tieftonge-
J = 34,3 x 58,4 (hoch)	häuses können wie angegeben
K = 34,3 x 80 (hoch)	das Mitteltonhorn nach Bild b
L = 43,2 x 80 (hoch)	sowie der direkt strahlende
M = 43,2 x 94 (hoch)	Hochtöner eingebaut werden.
N = 53,3 x 94 (hoch)	Mitteltonhorn und Hochtöner
P = 71,12 x 101,6 (hoch)	können auch außerhalb der
R = 119,4 x 121,9 (hoch)	Tieftonbox auf deren Deckel
	angeordnet werden.

Querschnittsabmessungen für das Mittelton-Horn nach Abb. 49b

A = 2,54 cm	
B = 4,3	Treiber: KEF B 110
C = 5,58	
D = 10,16	untere Übertragungsfrequenz:
E = 17,8	400 Hz
F	
G komplexe Gehäuseteile	höchste obere Übertragungs-
H	frequenz: 3,8 kHz
J = 66,04 x 25,4 (hoch)	
K = 75,4 x 31,75 (hoch)	

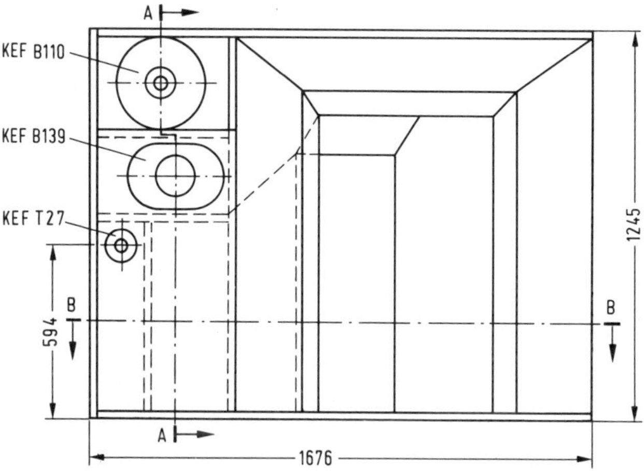

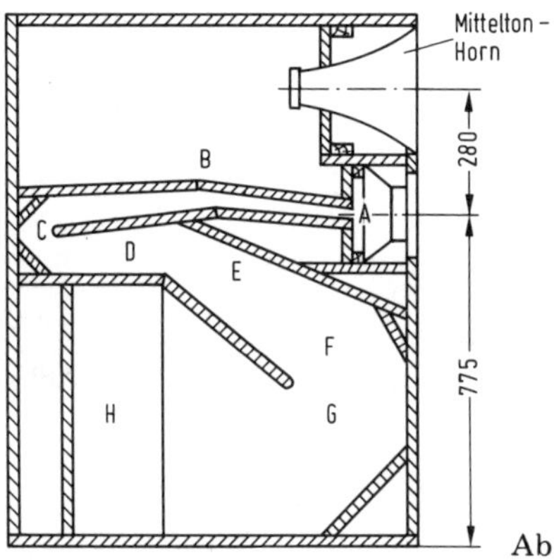

Schnitt A-A

Abb. 49a

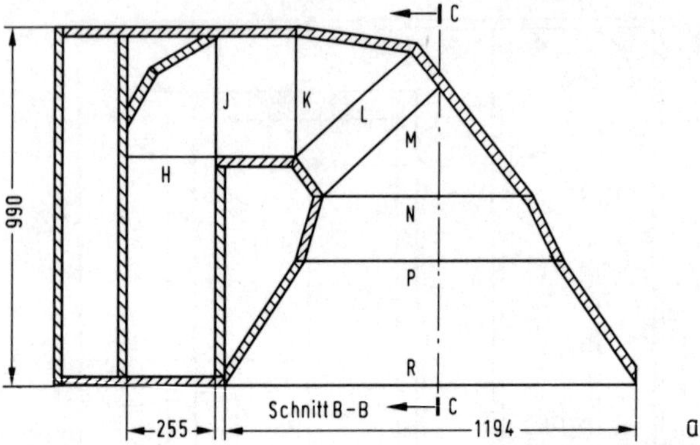

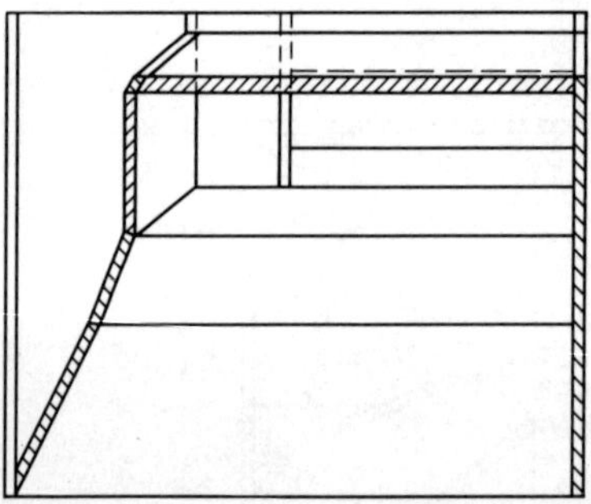

Schnitt C-C

Abb. 49a

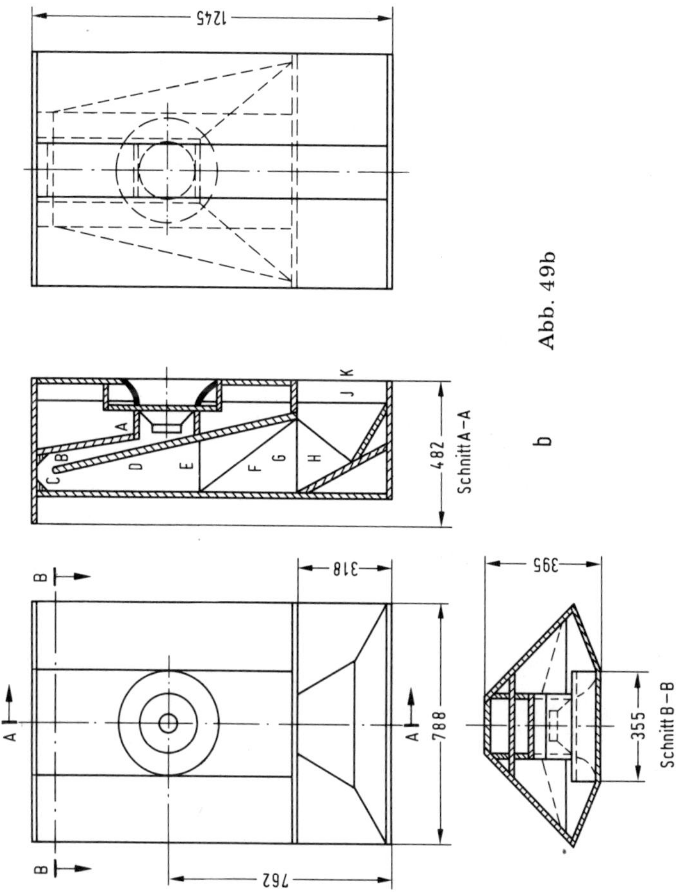
1245
A B C D E F G H J K
482
Schnitt A–A
b
B
A
318
788
762
395
355
Schnitt B–B

Abb. 49b

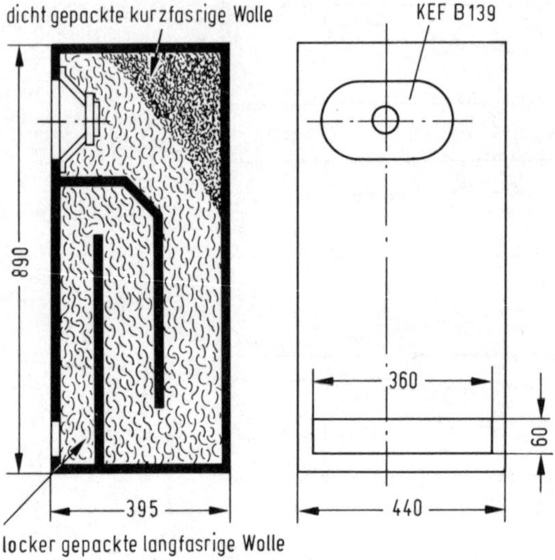

Abb. 50 Lautsprecherbox mit akustischer Leitung (Transmission-Line Box)

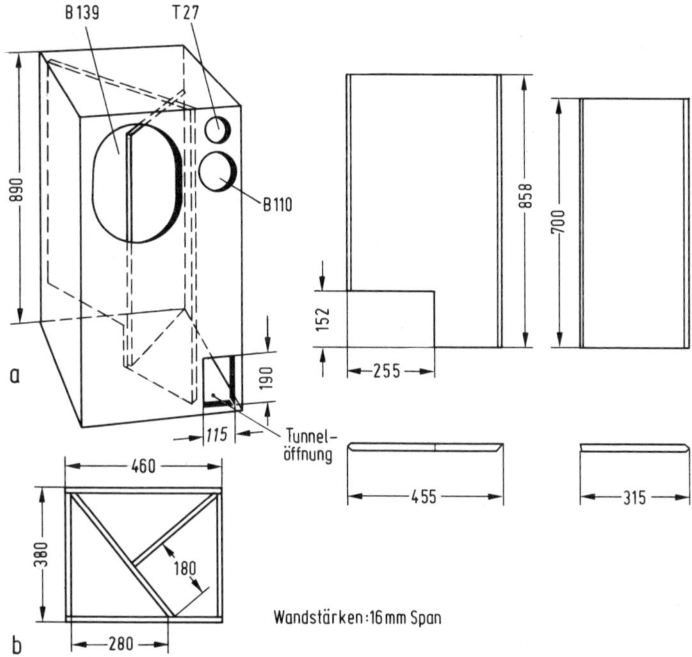

Abb. 51 Transmission-Line-Box nach A.R.Bailey (Wireless World, May 1972)

Treiber: KEF B 139 (Bass), B 110 (Mittelton), T 27 (Hochton) oder BD 25/8 Bass, Radford), MD 9 (Mittelton, Radford)
TD 3 (Hochton, Radford).
Weiche für KEF-Treiber: DN 12
Weiche für Radford-Treiber: FN 11
Die in Form von Dreikantsäulen verschachtelte Transmission-Line Box hat gegenüber üblichen Transmission-Line Konstruktionen den Vorteil, daß weniger interne Reflexionen auftreten und dadurch Klangverfälschungen vermieden werden. Die gesamte Transmission-Line ist lose und gleichförmig mit langfasriger Wolle auszufüllen. Zum Festlegen der Wolle benutzt man am einfachsten ein feines Gewebenetz.

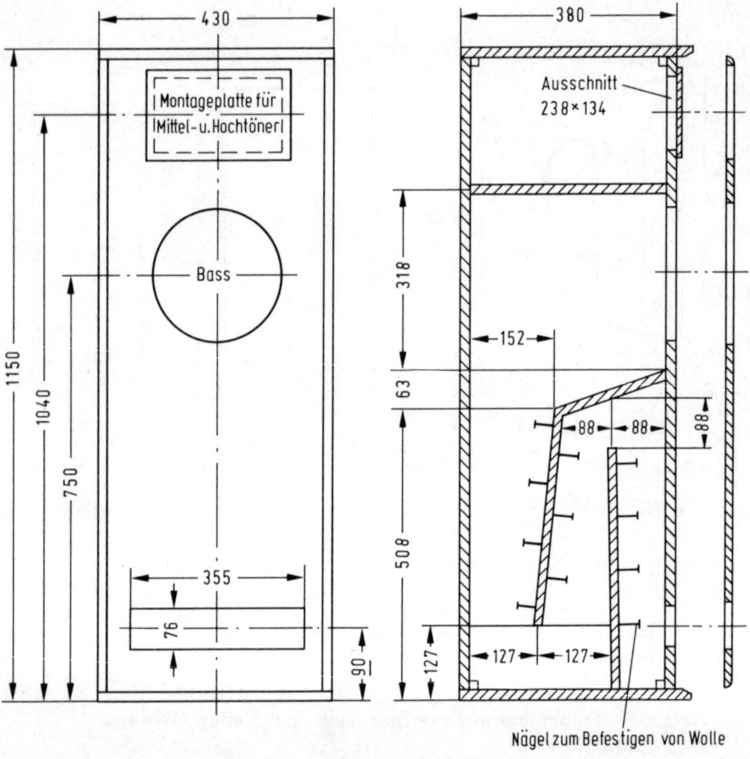

Abb. 52 RADFORD Transmission-line-Box "Studio S. 90" Baß-Treiber: BD 25/8, Mittelton-Treiber: MD 9/DB.8, Hochton-Treiber: TD. 3/8, Frequenzweiche: FN. 11/A

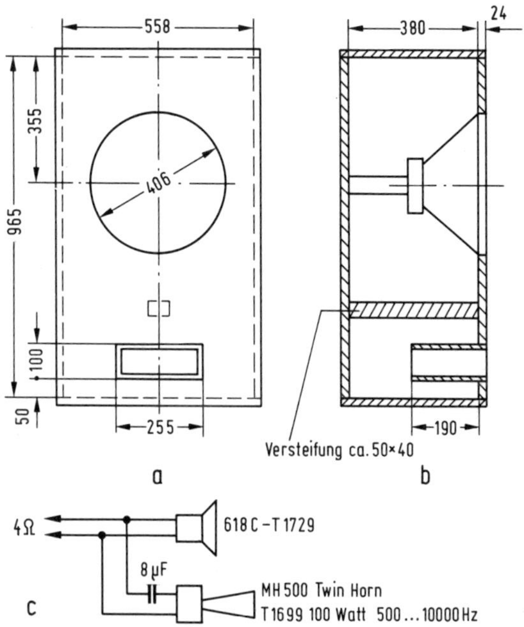

Abb. 53 Baßreflex-Box für Pop- und Gitarrenwiedergabe. Baßlautsprecher G 18 C (Celestion) und Twin Horn MH 500 (Celestion). Übertragungsbereich 30 — 10.000 Hz, Belastbarkeit: 100 Watt

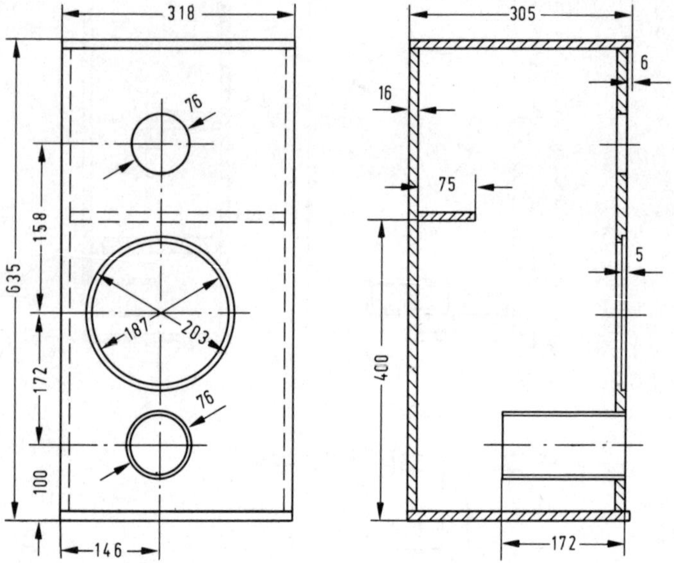

Abb. 54 Baßreflexbox "The Tabor".
Baßlautsprecher HD 20-D 25 H (Audax), Hochtöner HD 12 x 9 D 25 (Audax), Frequenzweiche DV 21 (Falcon)

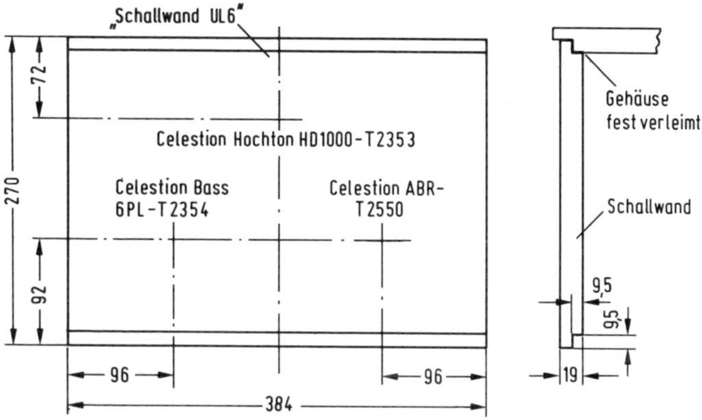

Abb. 55 Celestion-Box UL 6
Außenabmessungen: 290 x 410 x 220 (HxBxT), 19 mm Press-Spannplatten luftdicht verleimen; Baßlautsprecher: 6 PL-T 2354; Parasitärer Strahler: ABR-T 2550; Hochtonlautsprecher: HD 1000-T 2353 (Kalotte); Weiche: T 2509, 4 cm dicke Schaumgummidämpfung; Übertragungsbereich: 35 Hz bis 28 kHz; Belastbarkeit: 80 Watt

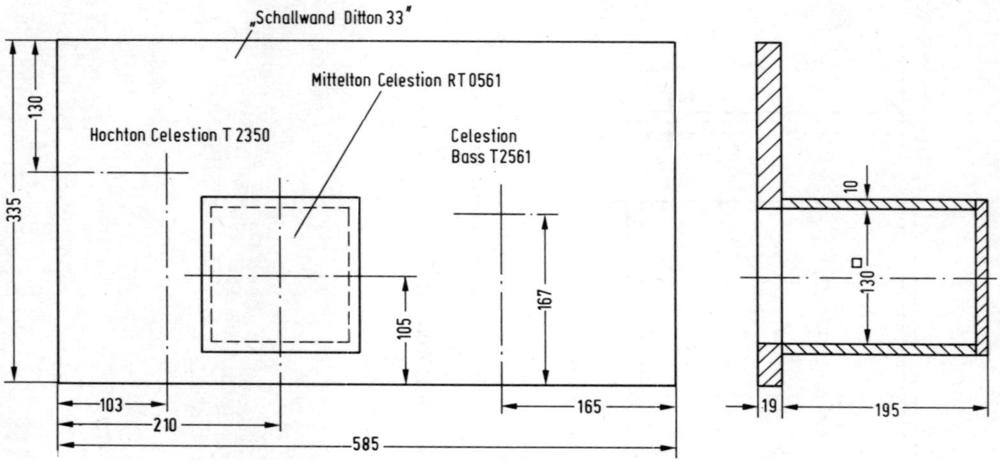

Abb. 56 Celestion Ditton 33
Außenabmessungen: 610 x 350 x 260 (HxBxT), Baßlautsprecher: T 2561, Mitteltonlautsprecher: RT 0561, Hochton-Kalottenlautsprecher: HD 1000-T 2350, Weiche: T 2511 pcb, 19 mm dicke Preß-Spanplatten luftdicht verleimen. Gehäusehohlraum vollständig mit langfasriger Naturwolle locker ausfüllen. Übertragungsbereich: 40 Hz bis 25 kHz, Belastbarkeit: 80 Watt

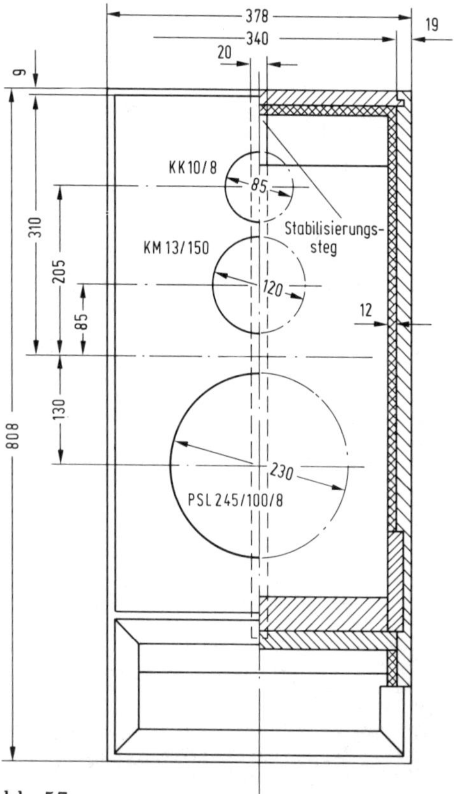
378
340
19
20
9
KK10/8
85
Stabilisierungs-
steg
KM 13/150
120
310
205
85
12
130
808
230
PSL 245/100/8

Abb. 57a

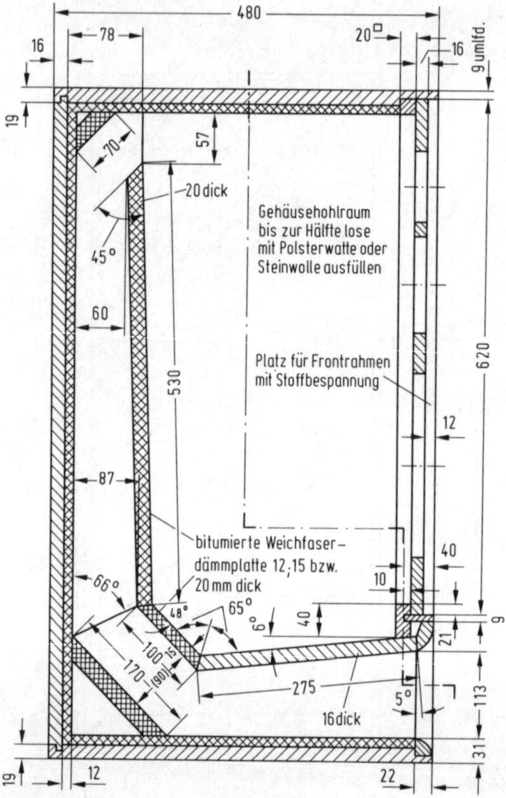

480
78
16
20□
16
9 umlfd.
19
57
70
20 dick
Gehäusehohlraum
bis zur Hälfte lose
mit Polsterwatte oder
Steinwolle ausfüllen
45°
60
620
Platz für Frontrahmen
mit Stoffbespannung
530
12
87
bitumierte Weichfaser-
dämmplatte 12;15 bzw.
20 mm dick
40
10
66°
48°
65°
6°
40
9
21
100
15
170
(90)
275
113
5°
16dick
31
19
12
22

Abb. 57b

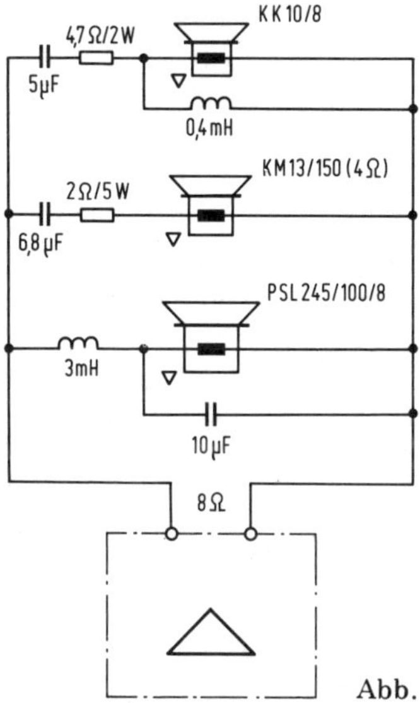

Abb. 57d

Abb. 57 c) Baßreflexbox mit Exponentialtunnel nach Laborunterlagen der Isophon-Werke

d) Schaltung der Lautsprecherkombination für Box Abb. 63a.

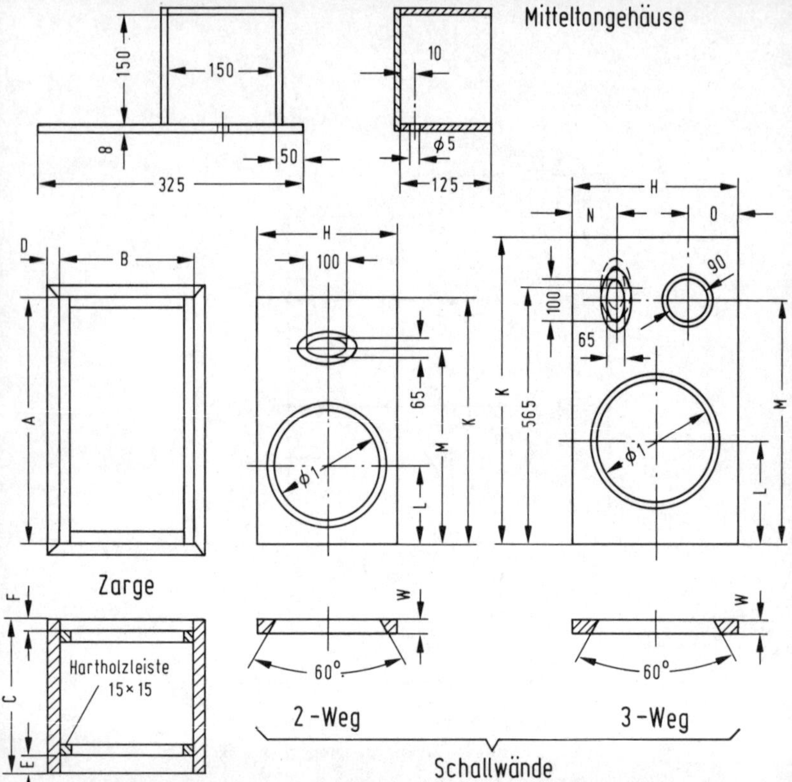

	KHC 19/6	KHC 25/6	KMC 38/6	KMC 52/6	TC 136	TC 176	TC 206	TC 246	TC 256	TC 306	HN 741	HN 742	HN 743	HN 744	HN 745
1	×				×						×				
2	×					×					×				
3		×				×						×			
4		×					×					×			
5		×	×			×							×		
6		×	×				×						×	4-Weg	3-Weg
7		×		×			×						×		
8		×	×					×					×		
9		×		×					×				×		
10		×	×		×				×					×	
11		×	×		×					×				×	
12		×		×	×				×		2-Weg	2-Weg	3-Weg	×	
13		×		×	×					×				×	
14		×		×						×					×

Treiber-Modelle — Weichen-Typen

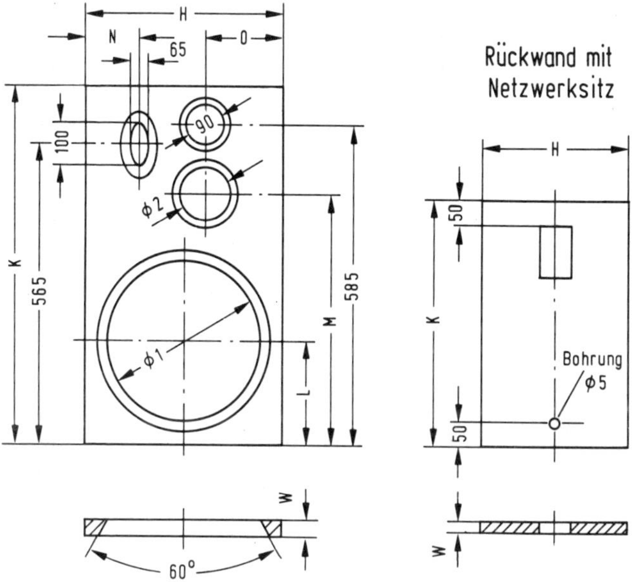

4-Weg

Schallwand

Abb. 58 Geschlossene Gehäuse für HECO-Lautsprecher

A	B	C	D	E	F	H	K	L	M	N	O	–	W	ϕ1	ϕ2
300	200	150	10	11	14	199	299	105	235	–	–	–	13	110	–
300	200	150	10	11	14	199	299	105	235	–	–	–	13	152	–
339	199	180	13	14	17	198	338	120	270	–	–	–	16	152	–
449	239	180	13	14	17	238	448	150	335	–	–	–	16	182	–
398	218	180	16	14	17	216	396	150	305	55	70	–	16	152	–
462	262	200	19	17	20	260	460	150	350	70	95	–	19	182	–
462	262	200	19	17	20	260	460	150	350	70	95	–	19	182	–
542	292	200	19	17	20	290	540	200	410	85	80	–	19	221,5	–
542	292	200	19	17	20	290	540	200	410	85	80	–	19	225	–
675	355	250	25	17	20	353	673	175	430	80	140	–	19	225	112
675	355	250	25	17	20	353	673	175	430	80	140	–	19	278	112
675	355	250	25	17	20	353	673	175	430	80	140	–	19	225	112
675	355	250	25	17	20	353	673	175	430	80	140	–	19	278	112
675	355	250	25	17	20	353	673	175	430	176,5	176,5	–	19	278	90

Abmessungen der Gehäuseteile

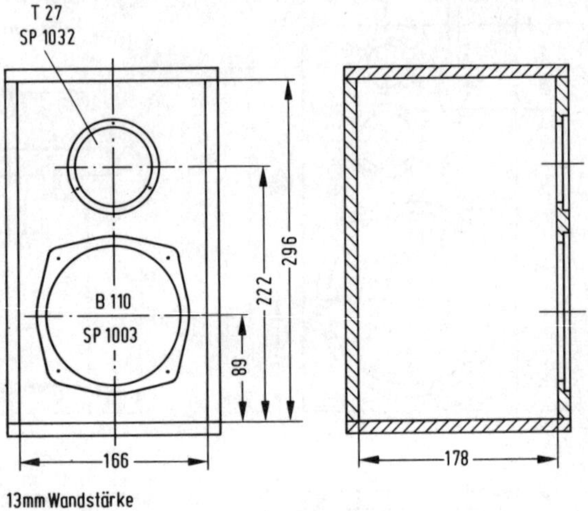

Abb. 59 Geschlossene Minibox. Innenvolumen 8,75 Liter. Tieftöner: KEF B 110, Hochtöner: KEF T 27

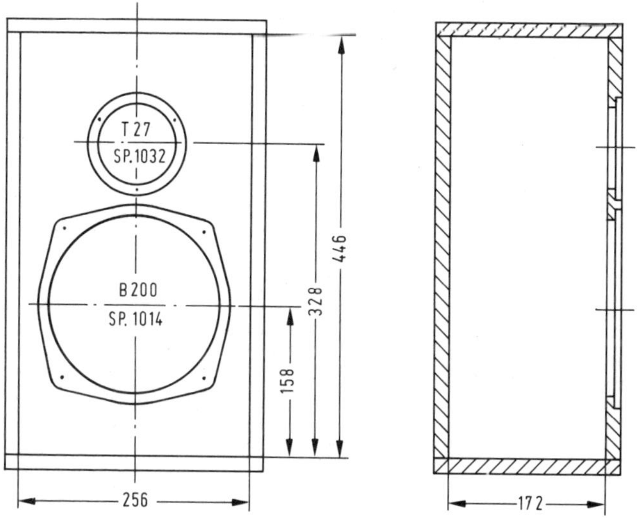

Abb. 60 Geschlossene Box von 19,5 Liter Innenvolumen für KEF Tieftöner B 200 und KEF Hochtöner T 27

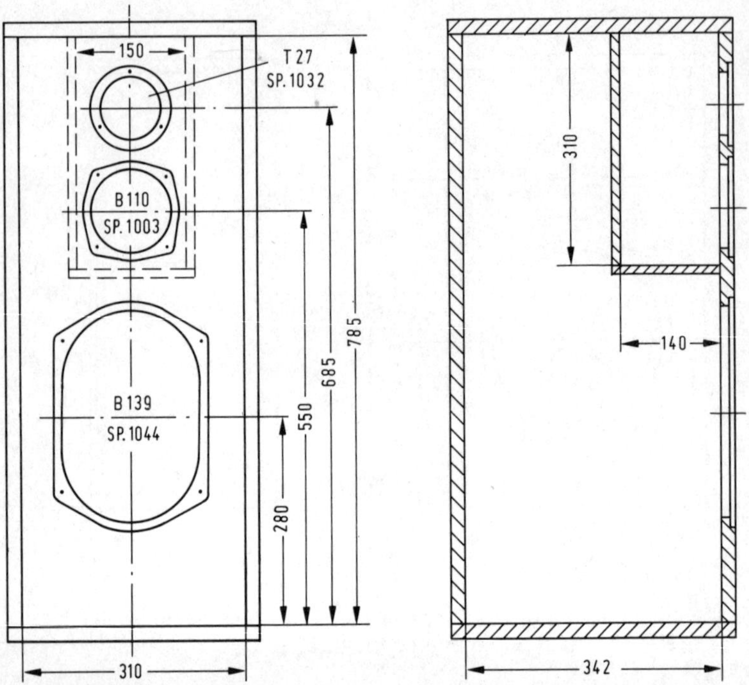

Abb. 61 74 Liter Box für Tieftöner KEF B 139, Mitteltöner KEF B 110, Hochtöner KEF T 27. Das Mitteltongehäuse für B 110 hat ein Innenvolumen von 6,5 Liter

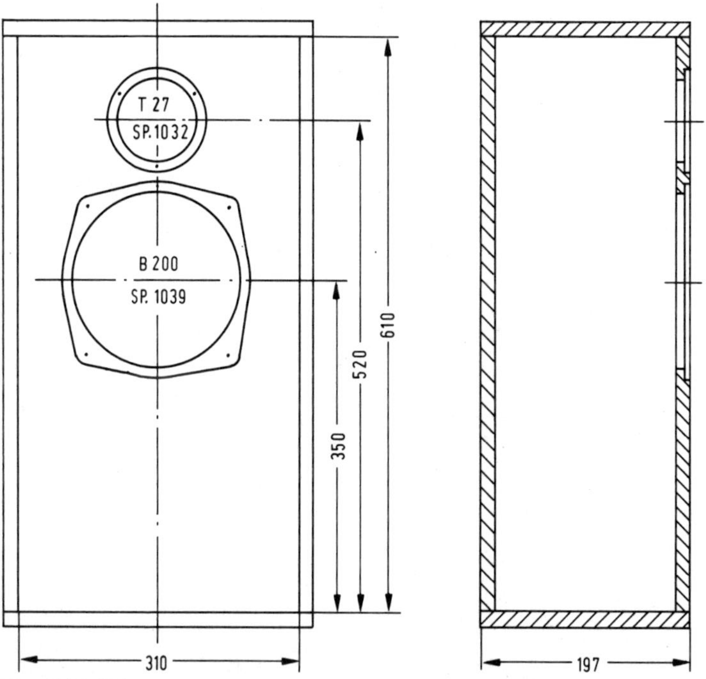

Abb. 62 37-Liter-Box für KEF Tieftöner B 200 und KEF Hochtöner T 27

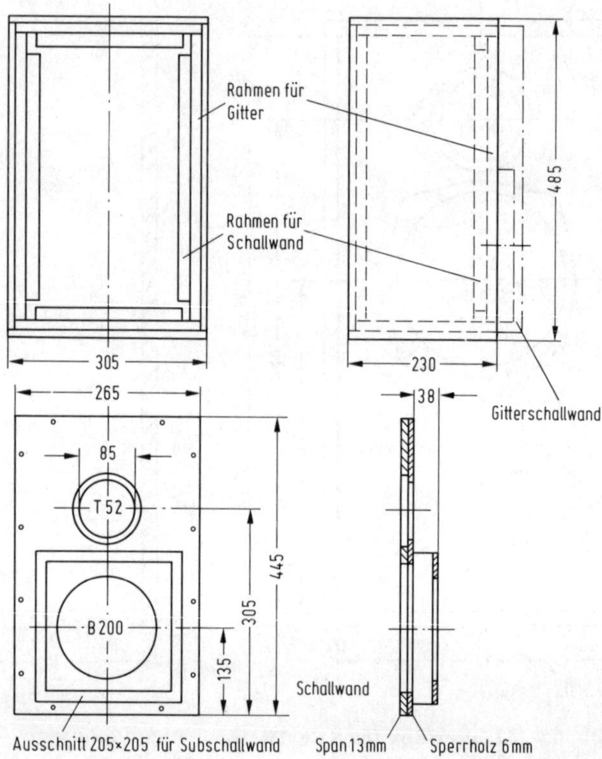

Abb. 63 Geschlossene Box für KEF B 200 und KEF T 52 (nach J.H.Wilkinson, Wirdess World, October 1977)

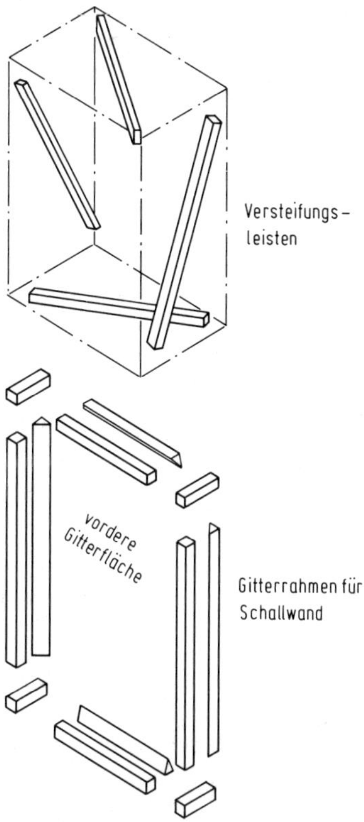
Versteifungs-
leisten
vordere
Gitterfläche
Gitterrahmen für
Schallwand

Abb. 63

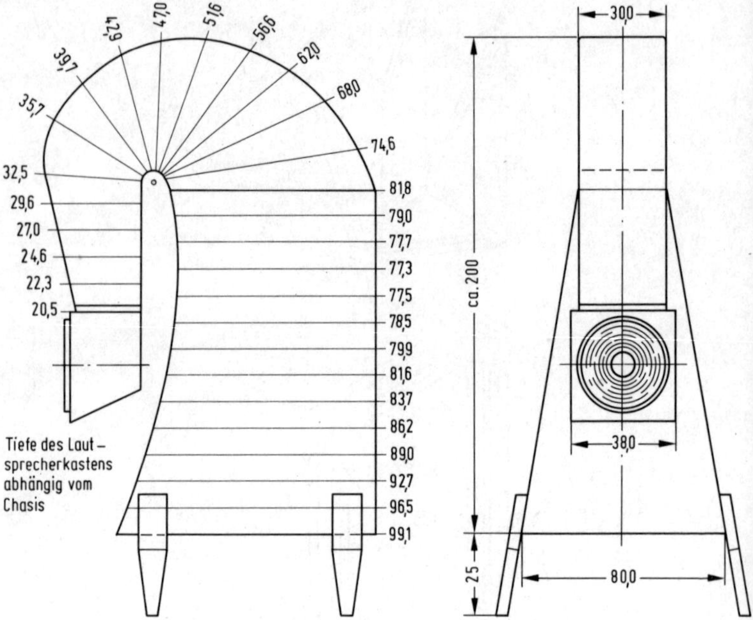

Abb. 64 Dinosaurier-Horn (s. auch RPB-105)

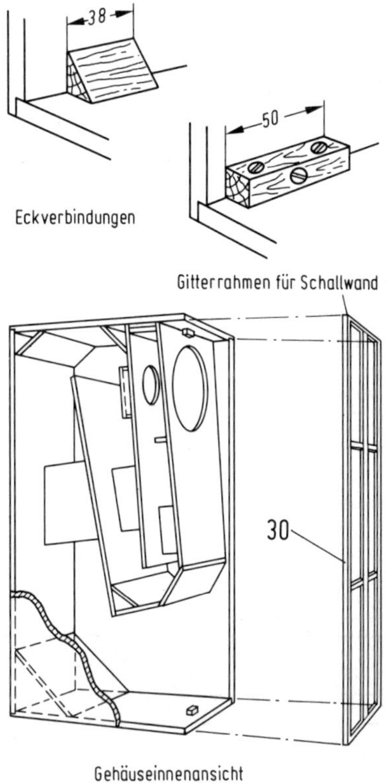

Abb. 65 Falthorn "Acousta 115" (Lowther) für Lautsprecherchassis Modell PM 6

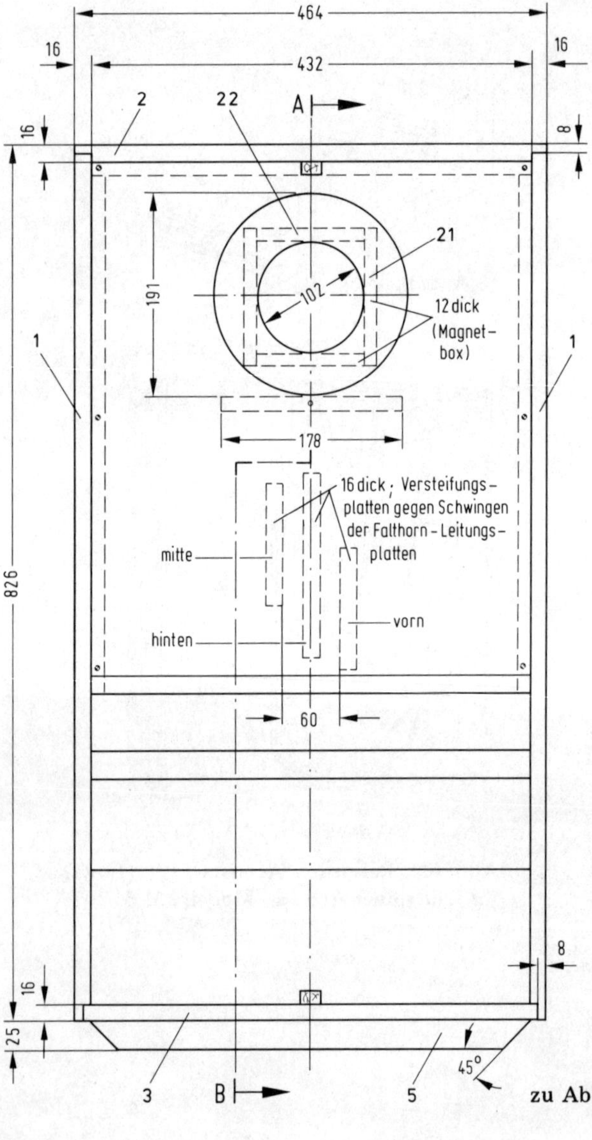
464
16
432
16
2
22
A
16
8
21
191
102
12 dick
(Magnet-
box)
1
1
178
16 dick; Versteifungs-
platten gegen Schwingen
der Falthorn-Leitungs-
platten
mitte
vorn
hinten
826
60
8
16
25
45°
3
B
5

zu Abb. 65

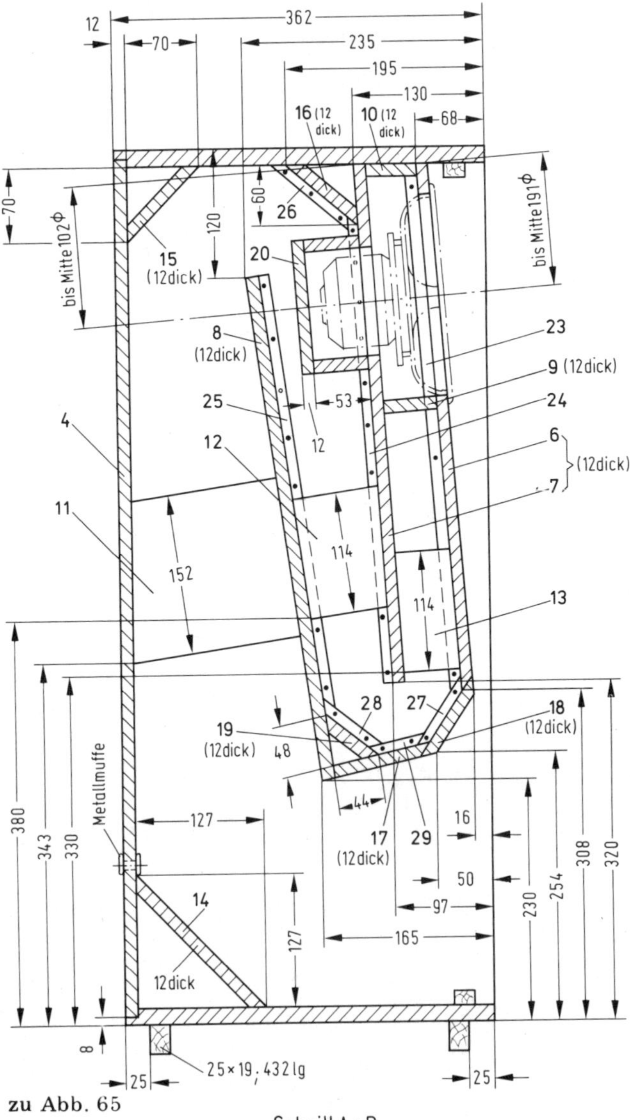

zu Abb. 65

Schnitt A ÷ B

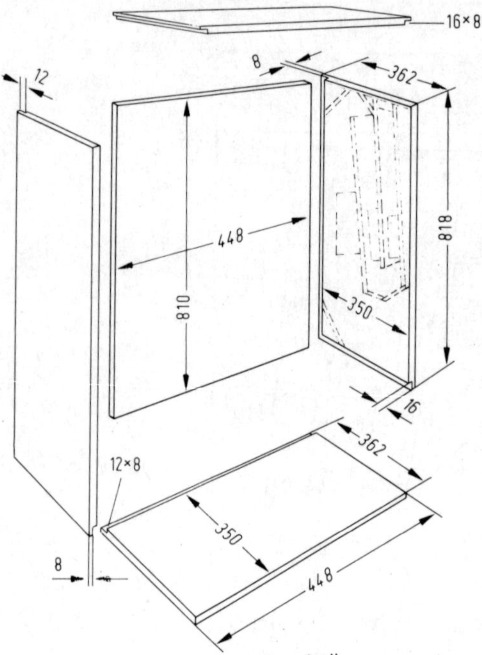

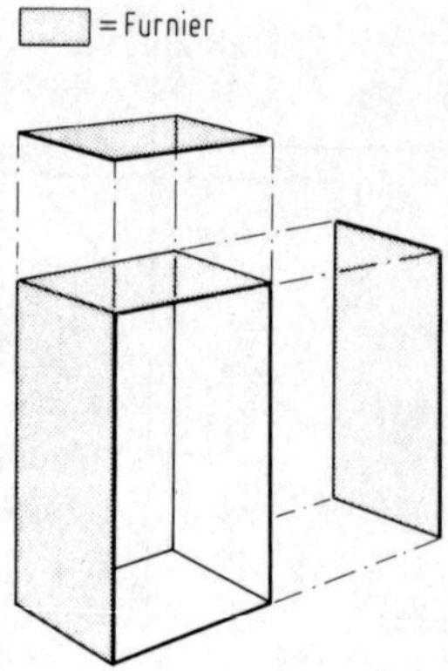

Gehäusezusammenbau

zu Abb. 65

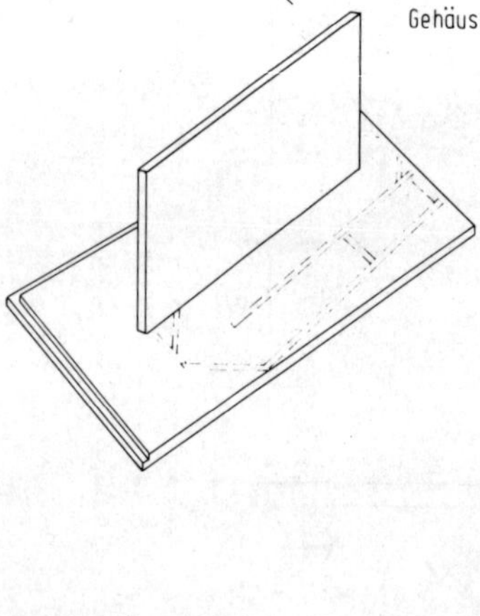

Stückliste, Holzbauteile (Sperrholz oder Span)							
Teil	Stck.	Benennung	Maße	Teil	Stck.	Benennung	Maße
1	2	Seitenwand	818 × 362 × 16	16	1		432 × 90 × 12
2	1	Deckel	464 × 362 × 16	17	1		432 × 98 × 12
3	1	Boden	448 × 362 × 16	18	1	Reflektor	432 × 90 × 12
4	1	Rückwand	810 × 448 × 12	19	1		432 × 65 × 12
5	2	Fußleiste	25 × 19 × 432	20	1	Magnetboxdeckel	126 × 126 × 12
6	1		502 × 432 × 12	21	2	Seitenteil	126 × 53 × 12
7	1	Hornplatte	490 × 432 × 12	22	2	Seitenteil	102 × 53 × 12
8	1		478 × 432 × 12	23	2		12 × 12 × 490
9	1	Abstandsstück	432 × 50 × 12	24	2		10 × 10 × 440
10	1	Abstandsstück	178 × 52 × 12	25	2		10 × 10 × 415
11	1		152 × 165 × 16	26	2	Leiste	10 × 10 × 100
12	1	Abstandsplatte	114 × 85 × 16	27	2		10 × 10 × 80
13	1		114 × 54 × 16	28	2		10 × 10 × 72
14	1	Reflektor	432 × 178 × 12	29	2		10 × 10 × 60
15	1	Reflektor	432 × 98 × 12	30	1	Gitterrahmen	20 × 10 × 4110

zu Abb. 65

Firmenverzeichnis

Altec, 1515 S. Manchester, Ave., Anaheim, California 92803, USA
Audax, 45 Avenue Pasteur, 93 106 Montreuil, Frankreich,
Bozak Manufacturing Company, Darien, Connecticut, USA,
Celestion Industries GmbH, Schäferstr. 22–24, 6780 Pirmasens
Electro-Voice, S.A. Römerstr. 49, 2560 Nidau, Schweiz
Falcon Acoustics Ltd., Tabor House, Norwich Road, Norwich NR 14 BJT, England
Heco, 6384 Schmitten
Isophon GmbH, Eresburgstr. 22–23, 1 Berlin 42
ITT-Standard Elektrik Lorenz AG, Schlesische Str. 135, 8440 Straubing
JBL Lansing Sound, Inc., 3249 Casitas Ave., Los Angeles, California 90039, USA
KEF Electronics Ltd., Tovil-Maidstone ME 15 6QP Kent, England
Goodmans Loudspeakers Ltd., Downley Road, Havant, Hampshire, PO92NL, England
Radford Electronics Ltd., Aston Vale Road, Bristol BS3 2HZ, England
Rank Wahrfedale Works, Highfield Road, Bradford BD 10 8SF England
Rogers Swisstone Electronics Ltd., 4/14 Barmeston Road, London SE6 3BN
Tannoy Products Ltd., Canterbury Grove, London SE 27 OPW
Valvo (Philips), Postf. 10 63 23, 2000 Hamburg 1
Vitavox Ltd., Westmoreland Road, London NW9 9RJ, England
Jordan Watts Loudspeakers Ltd., Benlow Works, Silverdale Road, Hayes UB3 3BW, England

Gabasse, Kergonan 29200 Brest, Frankreich
Lowther-Onlife Developments Ltd., 41 Masons Hill
Bromley, Kent BR2 9HQ, England.